DIE LETZTBEGRÜNDUNG DER ÖKONOMIK

EIN METHODOLOGISCHER ESSAY

VON LUDWIG VON MISES

mises.at
info@mises.at

Übersetzung: Rahim Taghizadegan, Helmut Krebs
Lektorat: Gerald Kalb
Satz: Hans Jakob Knoblauch
Umschlag: Gerald Kalb
Titel der Originalausgabe:
The Ultimate Foundation of Economic Science: An Essay on Method

ISBN: 978-3-902639-37-0

INHALT

VORWORT ZUR ÜBERSETZUNG

Das letzte Buch des großen österreichischen Ökonomen Ludwig von Mises ist ein würdiger Abschluss seines Lebenswerks und zu Unrecht eher in Vergessenheit geraten. Erstmals liegt es nun in deutscher Sprache vor, da Mises nach der Flucht aus Europa in die USA fast nur noch auf Englisch schrieb. Es ist eines seiner leidenschaftlichsten Bücher: Mises zeigt auf, welche verhängnisvollen Folgen erkenntnistheoretische Irrtümer haben können. Wortgewaltig schreibt er gegen den Positivismus an, der zu einer Hybris von Technokraten führte. Die Ökonomik wurde so zu einer Kontroll- und Planungswissenschaft. Mises begründet als Essenz seines Lebenswerks noch einmal in aller Klarheit die Alternative einer realistischen Ökonomik als Wissenschaft vom menschlichen Handeln, abseits ideologischer Spekulation und pseudowissenschaftlicher Allmachtansprüche. Diese bündige, aber tiefgehende Darstellung der Irrwege moderner Wirtschaftswissenschaft und einer alternativen Perspektive, die dem Menschen in seiner Komplexität und Würde wirklich gerecht wird, könnte der Keim eines dringend nötigen ökonomischen Umdenkens sein. *Die Letztbegründung der Ökonomik* als wissenschaftliches Testament eines der größten Ökonomen der Neuzeit sollte daher in keiner Bibliothek fehlen.

Ein Grund dafür, dass dieses wichtige Werk bislang wenig Rezeption fand und nicht übersetzt wurde, liegt wohl in der Schwierigkeit des Originaltextes. Es ist ein Beweis der Genialität von Mises, dass er in fortgeschrittenem Alter noch den Kultur- und Sprachkreis wechseln konnte. Mit dem Untergang seines Europas schwand die Bedeutung der deutschen Sprache. Mises schrieb und lehrte nunmehr auf Englisch. Doch der Duktus des alten Deutsch blieb, der Sprache der Philosophen, die in komplexen Schachtelsätzen jedem möglichen Einwand schon Respekt zollen. Sein Hauptwerk *Human Action*, die leicht erweiterte und redigierte Fassung von *Nationalökonomie*, hatte das Glück eines hervorragenden Lektorats, das die Sprache für moderne Leser mit kürzeren Konzentrationsspannen auffrischte, ohne den Inhalt zu mindern. Bei *The Ultimate Foundation of Economic Science* war das Lektorat zaghafter, zumal auch die Thematik spezieller ist – Erkenntnistheorie ist notorisch schwierig und erfordert hohe Präzision. So war es keine leichte Aufgabe, diese Übersetzung in einer der Bedeutung des Textes angemessenen Qualität fertigzustellen. Helmut Krebs lieferte eine sorgfältige Vorlage, die als Grundlage dieser Übersetzung diente. Das Endergebnis sollte wissenschaftliche Präzision mit Verständlichkeit und guter Lesbarkeit vereinen. Diese große Arbeit war nur dank der Unterstützung von Georg Zundel möglich, dem das Verdienst zukommt, den Wert dieser vergessenen Schrift erkannt und die Übersetzung initiiert, geduldig gefördert und durch fachliche Anregungen begleitet zu haben.

Schon der Titel war nicht leicht zu übertragen. Die „ultimative Grundlage", auf die Mises hinauswollte, welche man in der Philosophie eine Letztbegründung nennt, steht nicht am Ende, sondern am Ausgangspunkt des Denkens. Es geht um die Prämissen der Wissenschaft. Nach der Säkularisierung der Universität brach einige Verunsicherung aus: die alten Gewissheiten waren dahin und neue nicht so leicht zu finden. Leider setzten sich letztlich zwei Irrwege durch und bestimmen seitdem die Human-, Geistes- bzw. Sozialwissenschaften: einerseits die falsche Gewissheit, dass es grundsätzlich keinen Platz für Gewissheiten gäbe – Relativismus, Polylogismus und Historismus. Andererseits brachte die Naturwissenschaft neue Gewissheit, die im Positivismus und Szientismus auf andere Disziplinen übergestülpt wurde. Doch zwischen Menschen und unbelebten Teilchen, die willenlos Kräften unterworfen sind, bestehen grundlegende Unterschiede. Die Gewissheit von messbaren Konstanten, nach denen Vorgänge formelhaft gleich ablaufen, fehlt in menschlichen Belangen. Der Preis unserer Freiheit ist größere Ungewissheit, aber eben nicht Beliebigkeit. Ludwig von Mises gibt dem Menschen seinen logischen Platz zurück als Ausgangspunkt des Denkens über den Menschen. Damit bietet er ein fundiertes Alternativprogramm sowohl zur autistischen Ökonomik der roboterhaften Modellmenschen als auch zur ideologischen Willkür, die jeweils als „Orthodoxie" und „Heterodoxie" die heutigen Wirtschaftsuniversitäten dominiert. Für Ludwig von Mises ging es um viel mehr als bloß Lehrpläne und Forschungsmethoden. Erkenntnistheorie war für ihn keine philosophische Haarspalterei, sondern eine Überlebensfrage. Die Freiheit des Menschen steht auf dem Spiel. Aus der Wissenschaft droht ein Kult zu werden, der unsere Freiheit als Opfer verlangt. Ein Kult der Wissenschaftlichkeit, der keine Häretiker duldet und zur Hybris neigt. Genauso schlimm wie diese falschen Gewissheiten sind allerdings der mangelnde Realitätssinn und das ökonomische Unwissen der meisten „Philosophen". Ludwig von Mises liefert in seiner letzten Schrift eine letzte Warnung vor drohendem Totalitarismus und dem Untergraben der Fundamente der westlichen Zivilisation. Niemand hat je ein leidenschaftlicheres Plädoyer für eine realistische Erkenntnistheorie abgelegt als Ludwig von Mises, womit er einen Fachbereich, der für die meisten allzu theoretisch und abgehoben scheint, auf den Boden zurückholt, lebendig und relevant macht.

Rahim Taghizadegan

VORWORT

Dieser Essay ist kein Beitrag zur Philosophie. Er ist lediglich die Darstellung gewisser Ideen, die grundlegend für jeden Versuch einer Theorie des Wissens sind.

Die traditionelle Logik und Epistemologie haben mehr oder weniger bloß Abhandlungen über Mathematik und die Methoden der Naturwissenschaften hervorgebracht. Die Philosophen betrachteten die Physik als das Vorbild der Wissenschaft und nahmen unbekümmert an, dass jede Erkenntnis nach diesem Modell gewonnen werden müsse. Sie übergingen die Biologie, indem sie sich damit zufrieden gaben, dass eines Tages spätere Generationen damit Erfolg haben würden, die Phänomene des Lebens auf das Wirken von Elementen zurückzuführen, die vollständig durch die Physik beschrieben werden können. Sie werteten die Geschichte als „bloße Literatur" ab und ignorierten die Existenz der Ökonomie. Der Positivismus, den Laplace vorwegnahm, Auguste Comte taufte und der zeitgenössische logische oder empirische Positivismus wiederbelebte und systematisierte, ist im Wesentlichen ein Panphysikalismus: eine Sichtweise, die leugnet, dass es eine andere Methode des wissenschaftlichen Denkens gibt, als diejenige, die mit der Aufzeichnung von „Protokollsätzen" durch Physiker beginnt. Der dieser Sichtweise zugrundeliegende Materialismus rief nur bei Metaphysikern Widerspruch hervor, die der Erfindung von fiktiven Entitäten und willkürlichen Systemen freien Lauf ließen, was sie „Geschichtsphilosophie" nannten.

Dieser Essay schlägt vor, sich bewusst zu machen, dass es im Universum Dinge gibt, zu deren Beschreibung und Analyse die Naturwissenschaften nichts beitragen können. Es gibt Ereignisse, die mit den Verfahrensweisen der Naturwissenschaft nicht mehr korrekt beobachtet und beschrieben werden können. Es gibt menschliches Handeln.

Es ist eine Tatsache, dass bis heute nichts dafür getan wurde, die Kluft zu überbrücken, die zwischen den

Naturereignissen besteht, bei deren Ablauf die Wissenschaft keine Zielgerichtetheit finden kann, und dem bewussten Handeln der Menschen, das stets nach bestimmten Zielen strebt. Bei der Betrachtung des menschlichen Handelns den Bezug zu erstrebten Zielen zu vernachlässigen, ist nicht weniger absurd als die Bemühungen, Naturphänomene als zielgerichtet zu interpretieren.

Es wäre ein Fehler zu unterstellen, dass alle Irrtümer, die die erkenntnistheoretische Interpretation der Wissenschaften vom menschlichen Handeln betreffen, der unbefugten Übernahme der Erkenntnistheorie des Positivismus zuzuschreiben sind. Es gab andere Denkschulen, die die philosophische Behandlung der Praxeologie mit jener der Geschichte in noch ernsterer Weise verwechselten als der Positivismus, namentlich der Historismus. Doch behandelt die folgende Analyse vor allem die Wirkung des Positivismus.[1]

Um ein Missverständnis meines Standpunkts zu vermeiden, sollte ich wohl hervorheben, dass sich dieser Essay mit Erkenntnis, Wissenschaft und Vernunftüberzeugungen befasst und auf metaphysische Lehren nur insoweit eingeht, als es notwendig ist, um deren Unterschiede zur Wissenschaft aufzuzeigen. Ich befürworte uneingeschränkt Lockes Prinzip, „eine Aussage nicht mit größerer Sicherheit vorzutragen, als die Beweise, auf denen sie fußt, es zulassen". Der Positivismus ist nicht deshalb verheerend, weil er dieses Prinzip übernommen hätte, sondern weil er keine anderen Wege anerkennt als die der experimentellen Naturwissenschaften, um eine Behauptung zu beweisen, und alle anderen Methoden des rationalen Diskurses als metaphysisch abqualifiziert – was im positivistischen Jargon ein Synonym für Unsinn ist. Die Fehlerhaftigkeit dieser grundlegenden These des Positivismus deutlich zu machen und deren verhängnisvolle Konsequenzen aufzuzeigen, ist das alleinige Thema dieses Essays.

1 Über den Historismus siehe Mises: *Theorie und Geschichte*, München, 2015, S. 217 ff.

Obwohl der Positivismus alles, was er als Metaphysik ansieht, verachtet, beruht seine Erkenntnistheorie selbst auf einer bestimmten Art von Metaphysik. Eine Analyse aller Arten von Metaphysik, ihres jeweiligen Wertes und ihrer jeweiligen Vertretbarkeit würde die Grenzen einer sinnvollen Untersuchung sprengen. Mittels der Vernunft lässt sich nur zeigen, ob die jeweils betrachtete metaphysische Lehre dem widerspricht, was als wissenschaftlich bewiesene Wahrheit anerkannt wird. Wenn das für die Behauptungen des Positivismus über die Wissenschaft des menschlichen Handelns gezeigt werden kann, sind seine Ansprüche als unberechtigte Legenden zurückzuweisen. Die Positivisten selbst müssten vom Standpunkt ihrer eigenen Philosophie aus einem solchen Urteil zustimmen.

Allgemeine Erkenntnistheorie kann nur von jenen studiert werden, die mit allen Zweigen des menschlichen Wissens vollkommen vertraut sind. Die besonderen erkenntnistheoretischen Probleme in den verschiedenen Wissensgebieten sind nur jenen zugänglich, die das jeweilige Gebiet bestens kennen. Es wäre nicht nötig, diesen Punkt in Erinnerung zu rufen, würde nicht eine schokkierende Ignoranz gegenüber allem, was die Wissenschaft des menschlichen Handelns betrifft, die Schriften von fast allen zeitgenössischen Philosophen durchziehen.[2]

Es mag sogar bezweifelt werden, ob es möglich ist, die Analyse der erkenntnistheoretischen Probleme von der Behandlung der Kernprobleme der jeweiligen Wissenschaften zu trennen. Die grundlegenden Beiträge zur

2 Ein schlagendes Beispiel für diese Ignoranz seitens eines bedeutenden Philosophen ist zitiert in Mises: *Human Action*, New Haven, Yale University Press, 1949, S. 33, Fußnote: „Kaum ein Philosoph hatte eine universellere Vertrautheit mit den verschiedenen Zweigen der zeitgenössischen Philosophie als Bergson. Doch eine beiläufige Bemerkung in seinem letzten großen Buch beweist klar, dass Bergson in dem grundlegenden Lehrsatz der modernen Theorie des Werts und des Tauschs völlig unwissend war. Über den Tausch bemerkt er: ‚Man kann ihn nicht ausführen, ohne sich gefragt zu haben, ob die beiden zu tauschenden Gegenstände den gleichen Wert haben, das heißt austauschbar gegen einen gleichen Dritten sind.'" In: *Les Deux Sources de la Morale et de la Religion*. Paris, 1932, S. 68.

modernen Erkenntnistheorie der Naturwissenschaften waren eine Leistung Galileis, nicht Bacons, nicht Newtons oder Lavoisiers, nicht Kants oder Comtes. Was von den Lehren des logischen Positivismus haltbar ist, kann in den Werken der großen Physiker der letzten hundert Jahre gefunden werden, nicht in der *„International Encyclopedia of Unified Science"*. Meine eigenen, wenn auch bescheidenen, Beiträge zur Erkenntnistheorie finden sich in meinen ökonomischen und historischen Schriften, besonders in meinen Büchern *Human Action* und *Theory and History („Theorie und Geschichte")*. Der vorliegende Essay ist nur eine Ergänzung dazu und ein Kommentar darüber, was die Ökonomie selbst über ihre eigene Erkenntnistheorie sagt.

Wer ernsthaft die Bedeutung der ökonomischen Theorie begreifen will, sollte sich zuerst selbst mit den ökonomischen Lehren vertraut machen und dann erst, nach mehrmaligem Überdenken dieser Lehrsätze, einem Studium der entsprechenden erkenntnistheoretischen Aspekte zuwenden. Ohne äußerst sorgfältige Überprüfung von wenigstens einigen der großen Themen des praxeologischen Denkens – wie beispielsweise das Nutzengesetz (meistens das Gesetz des abnehmenden Grenznutzens genannt), das Ricardo'sche Vergesellschaftungsgesetz (besser bekannt als das Gesetz der komparativen Kosten), das Problem der Wirtschaftsrechnung und so weiter – kann niemand erwarten, zu begreifen, was Praxeologie bedeutet und was ihre besonderen erkenntnistheoretischen Probleme mit sich bringen.

ANSTELLE EINER EINLEITUNG: EINIGE VORHERGEHENDE BEOBACHTUNGEN ZUR PRAXEOLOGIE

1. DAS DAUERHAFTE SUBSTRAT DER EPISTEMOLOGIE

Πάντα ῥεῖ, alles ist in ständigem Fluss, sagt Heraklit, es gibt kein dauerhaftes Sein, alles ist Wandel und Werden. Es muss der metaphysischen Spekulation überlassen werden, ob diese These von der Warte einer übermenschlichen Intelligenz aus trägt, und ob es zudem einem menschlichen Verstand möglich ist, eine Veränderung zu denken, ohne das Konzept eines Substrats zu implizieren, das während seiner Veränderung bei der Abfolge seiner unterschiedlichen Zustände in bestimmter Hinsicht und Bedeutung konstant bleibt. Die Epistemologie als Theorie menschlichen Wissens kommt sicherlich nicht umhin, etwas als dauerhaft anzusehen, nämlich die logische und praxeologische Struktur des menschlichen Verstandes auf der einen Seite und die Macht der menschlichen Sinne auf der anderen Seite. In vollem Bewusstsein, dass die Natur des Menschen in dieser Epoche kosmischer Veränderungen, in der wir leben, weder etwas ist, das seit Anbeginn aller Dinge besteht, noch für immer bestehen wird, muss sie die Epistemologie so betrachten, als wäre sie unveränderlich. Die Naturwissenschaften mögen versuchen, weiter zu gehen und die Probleme der Evolution zu untersuchen. Doch die Epistemologie ist ein Zweig – oder vielmehr die Basis – der Humanwissenschaften. Sie behandelt einen Aspekt der Natur des Menschen, wie er aus den Äonen kosmischen Werdens hervortrat und wie er in dieser Periode der Geschichte des Universums ist. Sie befasst sich nicht mit dem Denken, Wahrnehmen und Wissen im Allgemeinen, sondern mit *menschlichem* Denken, Wahrnehmen und Wissen. Die Epistemologie muss etwas als unveränderlich ansehen, und das ist die logische und praxeologische Struktur des menschlichen Verstandes.

Man darf Wissen nicht mit Mystizismus verwechseln. Der Mystiker sagt, dass „Schatten und Sonnenschein dasselbe sind".[3] Wissen beginnt bei der klaren Unterscheidung zwischen *A* und *nicht-A*.

Wir wissen, dass es Zeitalter der kosmischen Geschichte gab, in der keine Wesen der Art existierten, die wir Homo sapiens nennen, und wir können darüber spekulieren, dass es wieder Zeitalter geben wird, in denen diese Spezies nicht existieren wird. Doch sinnlos ist die Spekulation über die Bedingungen von Wesen, die in der logischen und praxeologischen Struktur ihres Verstandes und ihrer Sinnesmacht von Menschen, wie wir sie kennen und die wir sind, wesentlich verschieden sind. Nietzsches Konzept eines Übermenschen entbehrt jeder epistemologischen Bedeutung.

2. ÜBER DAS HANDELN

Die Epistemologie betrachtet die geistigen Phänomene des menschlichen Lebens, mit dem Menschen, wie er denkt und handelt. Der wesentliche Mangel traditioneller epistemologischer Ansätze ist darin zu sehen, dass sie die praxeologischen Aspekte missachten. Die Epistemologen betrachten das Denken, als ob es ein Feld wäre, das von anderen Erscheinungsformen menschlichen Bestrebens losgelöst wäre. Sie behandeln die Probleme der Logik und Mathematik, aber übersehen die praktischen Aspekte des Denkens. Sie ignorieren das praxeologische a priori.

Die Mängel dieses Zugangs werden in den Lehren der Natürlichen Theologie im Unterschied zur offenbarten Theologie offensichtlich. Die Natürliche Theologie sah das charakteristische Zeichen der Göttlichkeit in der Freiheit von den Beschränkungen des menschlichen Verstandes und Willens. Eine Gottheit ist allwissend und allmächtig.

3 R. W. Emerson: *Brahma*.

Doch in der Ausführung dieser Ideen übersahen die Philosophen, dass der Begriff einer Gottheit, der einen handelnden Gott impliziert, also einen Gott, der sich beim Handeln wie ein Mensch verhält, ein Widerspruch in sich ist. Der Mensch handelt, weil er mit dem Zustand unzufrieden ist, der in Abwesenheit seiner Intervention besteht. Der Mensch handelt, weil ihm die Macht fehlt, die Bedingungen völlig befriedigend zu gestalten und er sich daher der geeigneten Mittel bedienen muss, um sie weniger unbefriedigend zu gestalten. Doch für ein allmächtiges Wesen kann es keine Unzufriedenheit mit dem vorherrschenden Zustand geben. Der Allmächtige handelt nicht, da es keinen Zustand gibt, den er nicht ohne jedes Handeln, d.h. ohne sich Mittel zu bedienen, völlig zufriedenstellend gestalten kann. Für Gott gibt es keinerlei Unterscheidung zwischen Zielen und Mitteln. Es ist ein Anthropomorphismus, Gott ein Handeln zuzuschreiben. Von den Beschränkungen seiner Natur ausgehend, kann das diskursive Argumentieren des Menschen niemals die Essenz der Allmächtigkeit umreißen und definieren.

Es muss jedoch betont werden, dass es nicht theologische Erwägungen waren, welche die Menschen davon abhielten, praxeologischen Aspekten ihre Aufmerksamkeit zu schenken. Es war die leidenschaftliche Sehnsucht nach der utopischen Chimäre eines Schlaraffenlands. Als die Wissenschaft der Ökonomik als bislang am besten ausgearbeiteter Teil der Praxeologie die Irrtümer jeder Spielart des utopischen Denkens aufdeckte, wurde sie als unwissenschaftlich verboten und stigmatisiert.

Der charakteristischste Zug moderner Epistemologie ist ihr völliges Ignorieren der Ökonomik, jenes Wissenszweigs, dessen Entwicklung und praktische Anwendung das spektakulärste Ereignis der modernen Geschichte war.

3. ÜBER ÖKONOMIK

Die Ökonomik wurde immer wieder durch die falsche Idee in die Irre geführt, sie müsse nach dem Muster anderer Wissenschaften vorgehen. Der Schaden solcher Fehlkonstruktionen kann nicht verhindert werden, indem man Ökonomen dazu ermahnt, ihre sehnsüchtigen Blicke auf andere Wissensfelder sein zu lassen oder diese gar völlig zu ignorieren. Ignoranz, welchen Gebietes auch immer, ist keineswegs eine Qualität, die bei der Wahrheitssuche nützlich ist. Was nötig ist, um einen Gelehrten davon abzuhalten, ökonomische Untersuchungen durch Rückgriff auf die Methoden der Mathematik, Physik, Biologie, Geschichts- oder Rechtswissenschaft zu entstellen, ist nicht ein Übersehen und Übergehen dieser Wissenschaften, sondern im Gegenteil der Versuch, sie zu verstehen und zu beherrschen. Wer in der Praxeologie irgendwie weiterkommen will, dem müssen Mathematik, Physik, Biologie, Geschichts- und Rechtswissenschaft geläufig sein, andernfalls verwechselt man die Aufgaben und Methoden der Theorie vom menschlichen Handeln mit jenen dieser anderen Wissenszweige. Der Fehler der verschiedenen Historischen Schulen der Ökonomik lag zuvorderst darin, dass all deren Vertreter bloße Dilettanten im Bereich der Geschichtswissenschaft waren. Keinem kompetenten Mathematiker entgehen die grundlegenden Irrtümer aller Varianten sogenannter mathematischer Ökonomik, insbesondere der Ökonometrie. Kein Biologe ließ sich jemals durch den ziemlich amateurhaften Organizismus von Autoren wie Paul von Lilienfeld in die Irre führen.

Als ich diese Meinung einmal bei einem Vortrag ausdrückte, wand ein junger Zuhörer ein: „Sie verlangen zu viel von einem Ökonomen. Niemand kann mich dazu zwingen, meine Zeit mit dem Studium all dieser Wissenschaften zu verbringen.“ Meine Antwort war: „Niemand fordert Sie dazu auf oder zwingt Sie dazu, ein Ökonom zu werden.“

4. DER ANSATZPUNKT DES PRAXEOLOGISCHEN DENKENS

Die apriorische Erkenntnis der Praxeologie ist völlig verschieden – kategorisch verschieden – von der apriorischen Erkenntnis der Mathematik, oder präziser: von der mathematischen apriorischen Erkenntnis, wie sie der logische Positivismus interpretiert. Der Ansatzpunkt allen praxeologischen Denkens liegt nicht in willkürlich gewählten Axiomen, sondern in einem selbst-evidenten Satz, der in jedem menschlichen Verstand vollständig, klar und notwendig präsent ist. Ein unüberwindbarer Graben trennt jene Tiere, in deren Geist diese Erkenntnis vergegenwärtigt wird, von jenen, in deren Geist sie nicht völlig und klar vorhanden ist. Nur den ersteren wird der Name Mensch zugestanden. Die charakteristische Eigenschaft des Menschen ist genau, dass er bewusst handelt. Der Mensch ist Homo agens, das handelnde Tier.

Alles, das jemals – abgesehen von der Zoologie – wissenschaftlich zur Unterscheidung des Menschen von nichtmenschlichen Säugetieren vorgebracht wurde, ist im Satz impliziert: Der Mensch handelt. Handeln bedeutet: nach Zielen streben, das heißt, ein Ziel zu wählen und sich der Mittel zu bedienen, um das erstrebte Ziel zu erreichen.

Es ist die Essenz des logischen Positivismus, den Erkenntniswert apriorischen Wissens zu leugnen, indem behauptet wird, alle apriorischen Sätze seien bloß analytisch. Sie bringen keine neue Information, sondern seien bloß verbal oder tautologisch, indem sie bekunden, was bereits in den Definitionen und Annahmen enthalten war. Nur die Erfahrung könne zu synthetischen Sätzen führen. Es gibt einen offensichtlichen Widerspruch gegen diese Doktrin, nämlich, dass dieser Satz, es gäbe keine synthetischen apriorischen Sätze, selbst ein – wie der Autor meint, falscher – synthetischer apriorischer Satz ist, da er offenbar nicht durch die Erfahrung bestätigt werden kann.

Die gesamte Kontroverse ist jedoch bedeutungslos, wenn sie auf die Praxeologie angewandt wird. Sie bezieht sich im Wesentlichen auf die Geometrie. Ihr derzeitiger Stand, insbesondere ihre Behandlung durch den logischen Positivismus ist tief durch den Schock geprägt, den die westliche Philosophie durch die Entdeckung nicht-euklidischer Geometrien erfahren hat. Vor Bolyai und Lobachevsky war die Geometrie in den Augen der Philosophen das Paradebeispiel perfekter Wissenschaft; es wurde angenommen, dass sie eine auf ewig und für jedermann unerschütterliche Gewissheit bot. Auch in anderen Wissensbereichen *more geometrico* vorzugehen, war das große Ideal der Wahrheitssucher. Alle traditionellen epistemologischen Konzepte begannen zu wanken, als die Versuche der Konstruktion nicht-euklidischer Geometrien gelangen.

Doch Praxeologie ist nicht Geometrie. Es ist der schlimmste Aberglaube, anzunehmen, dass die epistemologischen Charakteristika eines Wissenszweiges ausnahmslos auf jeden anderen Zweig angewandt werden können. Bei der Epistemologie der Wissenschaften vom menschlichen Handeln darf man sich nicht von der Geometrie, Mechanik oder irgendeiner anderen Wissenschaft leiten lassen.

Die Annahmen von Euklid waren einst als selbst-evident wahr betrachtet worden. Die gegenwärtige Epistemologie betrachtet sie als frei gewählte Postulate, als Ausgangspunkt eines hypothetischen Argumentationsstranges. Was immer dies bedeutet, es steht in keinerlei Beziehung zu den Problemen der Praxeologie.

Der Ansatzpunkt der Praxeologie ist eine selbst-evidente Wahrheit, die Erkenntnis des Handelns, das heißt die Erkenntnis der Tatsache, dass es ein bewusstes Verfolgen von Zielen gibt. Es ist sinnlos, diese Worte zu bekritteln, indem man sich auf philosophische Probleme bezieht, die mit unserem Problem nichts zu tun haben. Die Wahrheit dieser Erkenntnis ist genauso selbst-evident und genauso unerlässlich für den menschlichen Verstand wie die Unterscheidung zwischen *A* und *nicht-A*.

5. DIE WIRKLICHKEIT DER AUSSENWELT

Aus der praxeologischen Perspektive ist es nicht möglich, die reale Existenz der Materie, physischer Objekte und der Außenwelt in Frage zu stellen. Deren Wirklichkeit wird durch die Tatsache belegt, dass der Mensch nicht allmächtig ist. Es gibt etwas in der Welt, das der Verwirklichung seiner Wünsche und Begierden widersteht. Jeder Versuch, ein Ärgernis durch bloßes Gebot zum Verschwinden zu bringen und einen missliebigen Zustand durch einen befriedigenderen zu ersetzen, ist sinnlos. Wenn er Erfolg haben möchte, muss er nach Methoden vorgehen, die der Struktur davon angepasst sind, worüber ihm die Sinne Informationen bieten. Wir können die Außenwelt als die Gesamtheit all jener Dinge und Ereignisse definieren, welche über die Machbarkeit oder Unmachbarkeit, den Erfolg oder Misserfolg menschlichen Handelns bestimmen.

Die vieldiskutierte Frage, ob man sich physische Objekte als unabhängig vom Verstand bestehend vorstellen kann, ist sinnlos. Jahrtausendelang nahmen die Ärzte keine Keime wahr und ahnten nichts von ihrer Existenz. Doch der Erfolg oder Misserfolg ihrer Versuche, die Gesundheit und das Leben ihrer Patienten zu erhalten, hingen vom Einfluss der Keime auf die Organfunktion der Patienten ab. Die Keime waren real, weil sie den Ausgang der Ereignisse bestimmten, indem sie einen Einfluss ausübten oder nicht, indem sie vorhanden waren oder nicht.

6. KAUSALITÄT UND TELEOLOGIE

Handeln ist eine Kategorie, welche die Naturwissenschaften nicht beachten. Der Wissenschaftler handelt, indem er seine Forschungen durchführt, doch im Bereich der Naturereignisse der Außenwelt, die er erforscht, gibt es kein Handeln. Es gibt Bewegung, es gibt Reiz und Reaktion, sowie – was auch immer die Einwände einiger Philosophen sein mögen – Ursache und Wirkung. Es gibt etwas, das als unaufhaltsame Regelmäßigkeit in der Verknüpfung und Abfolge von Phänomenen erscheint. Es gibt konstante Beziehungen zwischen Größen, die dem Wissenschaftler den Prozess erlauben, der Messung genannt wird. Doch nichts deutet auf das Anstreben von Zielen; es gibt keinen erkennbaren Zweck.

Die Naturwissenschaften sind Kausalitätsforschung, die Wissenschaften vom menschlichen Handeln sind teleologisch. Indem wir diese Unterscheidung zwischen zwei Bereichen menschlichen Wissens treffen, legen wir uns nicht hinsichtlich der Frage fest, ob der Ablauf aller kosmischen Ereignisse letztlich durch den Entwurf eines übermenschlichen Wesens bestimmt ist oder nicht. Die Behandlung dieser großen Fragestellung übersteigt den menschlichen Verstand und liegt außerhalb jeder menschlichen Wissenschaft. Sie liegt im Bereich, den Metaphysik und Theologie für sich reklamieren.

Der Zweck, auf den sich die Wissenschaften vom menschlichen Handeln beziehen, liegt nicht in den Plänen Gottes, sondern in den Zielen, die durch handelnde Menschen im Verfolgen ihrer eigenen Pläne angestrebt werden. Die Versuche der metaphysischen Disziplin, die gemeinhin Geschichtsphilosophie genannt wird, im Fluss geschichtlicher Ereignisse die versteckten Pläne Gottes oder einer mythischen Kraft (wie zum Beispiel in der Lehre von Marx, die materiellen Produktivkräfte) zu enthüllen, sind keine Wissenschaft.

Bei einem bestimmten geschichtlichen Fakt, wie etwa dem Ersten Weltkrieg, muss der Historiker die Ziele herausfinden, die durch die verschiedenen Individuen und Gruppen von Individuen angestrebt wurden, die bei der Organisation dieser Kampagnen oder der Bekämpfung der Aggressoren maßgeblich waren. Er muss die Resultate der Handlungen aller Beteiligten untersuchen und sie mit dem vorherigen Zustand, als auch mit den Absichten der Akteure vergleichen. Es ist jedoch nicht die Aufgabe des Historikers, nach einem „höheren" oder „tieferen" Sinn zu suchen, der sich in den Ereignissen ausdrückte oder durch die Ereignisse verwirklicht wurde. Vielleicht gibt es einen solchen versteckten „höheren“ oder „tieferen“ Zweck oder Sinn im Ablauf geschichtlicher Ereignisse. Sterblichen steht aber kein Weg offen, um etwas über solche „höheren“ oder „tieferen“ Bedeutungen zu erfahren.

7. DIE KATEGORIE DES HANDELNS

Alle Elemente der theoretischen Wissenschaften vom menschlichen Handeln sind bereits in der Kategorie des Handelns implizit enthalten und müssen durch Darlegung ihres Gehalts explizit gemacht werden. Da zu diesen teleologischen Elementen auch die Kategorie der Kausalität gehört, ist die Kategorie des Handelns die fundamentale Kategorie der Epistemologie und damit der Ansatzpunkt jeder epistemologischen Analyse.

Die Kategorie oder das Konzept des Handelns umfasst wiederum die folgenden Konzepte: Mittel und Ziele, Präferieren und Übergehen, das heißt Bewerten, Erfolg und Misserfolg, Profit und Verlust, Kosten. Da keine Handlung ohne konkrete Vorstellungen über die Beziehung von Ursache und Wirkung erdacht und umgesetzt werden könnte, setzt die Teleologie Kausalität voraus.

Tiere sind dazu gezwungen, sich den natürlichen Bedingungen ihrer Umwelt anzupassen; wenn sie bei diesem Anpassungsprozess nicht erfolgreich sind, sterben sie aus. Der Mensch ist das einzige Tier, das sich – innerhalb bestimmter Grenzen – seine Umwelt zielgerichtet zu seinen Gunsten anpasst.

Wir können uns die Entwicklung, die unsere nichtmenschlichen Vorfahren in einer Abfolge kleiner, gradueller Veränderungen über Jahrmillionen gewandelt hat, vorstellen. Doch wir können uns keinen Verstand vorstellen, in dem die Kategorie des Handelns nur in unvollständiger Form vorhanden gewesen wäre. Nichts liegt zwischen einem Wesen, das ausschließlich durch Instinkte und physiologische Impulse getrieben wird, und einem Wesen, das Ziele und die Mittel zu ihrer Erreichung wählt. Wir können uns kein handelndes Wesen vorstellen, das nicht *in concreto* zwischen einem Ziel und einem Mittel unterscheiden würde, zwischen Erfolg und Misserfolg, zwischen Genehmerem und weniger Genehmem, zwischen dem Profit oder Verlust, der aus der Handlung resultiert, und den angefallenen Kosten. Natürlich kann der Mensch beim Erfassen dieser Dinge in seinem Urteil irren über die Rolle, die verschiedene äußere Ereignisse und Materien in der Struktur seiner Handlung spielen.

Eine bestimmte Verhaltensweise ist nur dann eine Handlung, wenn diese Unterscheidungen im Verstand des konkreten Menschen gegenwärtig sind.

8. DIE WISSENSCHAFTEN VOM MENSCHLICHEN HANDELN

Die deutsche Sprache hat einen Begriff entwickelt, der geeignet gewesen wäre, die Gesamtheit der Wissenschaften vom menschlichen Handeln im Gegensatz zu den Naturwissenschaften zu bezeichnen: den Begriff Geisteswissenschaften. Leider haben manche Autoren diesen Begriff mit metaphysischen und mystischen Implikationen überfrachtet, der seine Nützlichkeit schmälert. Im Englischen hätte der Begriff pneumatology (der von Bentham[4] als Gegenteil zur somatology vorgeschlagen wurde) denselben Zweck erfüllt, doch er ist nie angenommen worden. Der Begriff Moralwissenschaften, wie er von John Stuart Mill verwendet wurde, ist aufgrund seiner etymologischen Nähe zur normativen Disziplin der Ethik unbefriedigend. Der Ausdruck Humanwissenschaften wird traditionellerweise ausschließlich für die historischen Zweige der Wissenschaften vom menschlichen Handeln verwendet. Wir sind daher gezwungen, den eher schwerfälligen Begriff „Wissenschaften vom menschlichen Handeln" zu verwenden.

4 Bentham: „Essay on Nomenclature and Classification", Appendix No. IV to *Chrestomathia* (Works, ed. Bowring [1838-1843], VIII, 84 and 88).

I. DER MENSCHLICHE VERSTAND

1. DIE LOGISCHE STRUKTUR DES MENSCHLICHEN VERSTANDES

Auf Erden hat der Mensch eine besondere Position inne, die ihn von allen anderen Wesen unseres Planeten unterscheidet und abhebt. Während sich alle anderen belebten oder unbelebten Dinge nach regelmäßigen Mustern verhalten, scheint der Mensch alleine – innerhalb bestimmter Grenzen – ein gewisses Maß an Freiheit zu genießen. Der Mensch reflektiert seine Bedingungen und die seiner Umwelt, erdenkt Zustände, die er für besser hält als die bestehenden, und strebt durch zielgerichtetes Verhalten das Ersetzen eines weniger befriedigenden Zustandes, der ohne sein Handeln bestehen würde, durch einen erwünschteren an.

Innerhalb der unendlichen Weite, die Universum oder Natur genannt wird, gibt es ein kleines Feld, in dem das bewusste Verhalten des Menschen den Lauf der Ereignisse beeinflussen kann.

Es ist diese Tatsache, die den Menschen dazu bringt, zwischen einer Außenwelt, die unausweichlichen und unauflöslichen Bedingungen unterliegt, und seiner menschlichen Denk-, Erkenntnis- und Handlungsfähigkeit zu unterscheiden. Verstand oder Vernunft heben sich von der Materie ab, der Wille von automatischen Impulsen, Instinkten und physiologischen Prozessen. Im vollen Bewusstsein, dass sein eigener Körper den selben Kräften unterliegt, die alle anderen Dinge und Wesen bestimmen, schreibt der Mensch seine Denk-, Willens- und Handelsfähigkeit einem unsichtbaren und unberührbaren Faktor zu, den er seinen Verstand nennt.

In der frühen Menschheitsgeschichte gab es Versuche, eine solche Fähigkeit zum Denken und bewussten Anstreben von gewählten Zielen vielen oder gar allen nichtmenschlichen Dingen zuzuschreiben. Später endeckten die Menschen, dass es unsinnig war, mit nichtmenschlichen

Dingen so umzugehen, als wären sie mit etwas ausgestattet, das dem menschlichen Verstand entspräche. Dann kam die spiegelbildliche Tendenz auf. Die Menschen versuchten, geistige Phänomene auf die Wirkung von Faktoren zu reduzieren, die nicht spezifisch menschlich sind. Der radikalste Ausdruck dieser Lehre war bereits in der berühmten Aussage von John Locke impliziert, nach welcher der Verstand ein weißes Blatt Papier ist, auf dem die Außenwelt ihre eigene Geschichte schreibt.

Eine neue rationalistische Epistemologie versuchte die Widerlegung dieses integralen Empirismus. Leibniz fügte der Lehre, dass nichts im Verstand sei, das nicht vorher durch die Sinne gegangen war, das Proviso hinzu: außer der Verstand selbst. Kant, von Hume aus seinem „dogmatischen Schlummer" erweckt, stellte die rationalistische Lehre auf eine neue Grundlage. Die Erfahrung, so lehrte er, bietet nur das Rohmaterial, aus dem der Verstand das formt, was Wissen genannt wird. Jedes Wissen ist durch die Kategorien bedingt, die allen Daten der Erfahrung sowohl zeitlich als auch logisch vorhergehen. Diese Kategorien sind a priori; sie sind die geistige Ausrüstung des Individuums, die es befähigen zu denken und – so können wir ergänzen – zu handeln. Da jede Argumentation die apriorischen Kategorien voraussetzt, ist jeder Versuch sinnlos, sie zu beweisen oder zu widerlegen.

Die empiristische Reaktion gegen den Apriorismus dreht sich um eine irreführende Interpretation der nicht-euklidischen Geometrien, des wichtigsten Beitrags des 19. Jahrhunderts zur Mathematik. Sie betont den willkürlichen Charakter von Axiomen und Annahmen und den tautologischen Charakter deduktiver Argumentation. Deduktion könne, so lehrt sie, unserem Wissen über die Wirklichkeit nichts hinzufügen. Sie mache bloß explizit, was bereits implizit in den Annahmen lag. Da diese Annahmen bloße Erzeugnisse des Verstandes und nicht von der Erfahrung abgeleitet seien, könne, was von ihnen abgeleitet ist, nichts über den Zustand des Universums aussagen. Was Logik, Mathematik und andere aprioristische deduktive Theorien hervorbringen, seien bestenfalls bequeme oder nützliche Werkzeuge für wissenschaftliche Operationen. Es sei einer der Aufgaben eines Wissenschaftlers, für seine Arbeit aus der Vielfalt der bestehenden Systeme der Logik, Geometrie und Algebra das für seinen spezifischen Zweck geeignetste auszuwählen.[5] Die Axiome, von denen ein deduktives System ausgeht, seien willkürlich gewählt. Sie sagen uns nichts über die Wirklichkeit. Es gebe keinerlei erste Prinzipien, die dem menschlichen Verstand a priori gegeben seien.[6] Dies ist die Lehre des berühmten „Wiener Kreis" und anderer zeitgenössischer Schulen des radikalen Empirismus und logischen Positivismus.

Zur Untersuchung dieser Philosophie sollte der Konflikt zwischen der euklidischen Geometrie und den nichteuklidischen Geometrien, der zu diesen Kontroversen führte, näher betrachtet werden. Es ist eine unbestreitbare Tatsache, dass die technischen Pläne, die vom euklidischen System angeleitet wurden, die nach den von diesem System abgeleiteten Schlussfolgerungen erwarteten Ergebnisse brachten. Die Gebäude stürzten nicht ein, und die Maschinen liefen in erwarteter Weise. Der praktische Ingenieur kann nicht leugnen, dass ihm diese Geometrie bei seinen Vorhaben half, die Ereignisse der Außenwelt vom Lauf, den sie ohne seine Intervention genommen hätten, abzubringen und sie auf das Ziel hin auszurichten, das er erreichen wollte. Er muss zur Schlussfolgerung gelangen, dass diese Geometrie, obwohl sie auf festgelegten apriorischen Ideen beruht, etwas über die Wirklichkeit und die Natur aussagen muss. Der Pragmatiker muss zugeben, dass die euklidische Geometrie in der selben Weise funktioniert, wie jede aposteriorische Erkenntnis, die die experimentellen Naturwissenschaften liefern. Einerseits setzt die Anordnung von Laborexperimenten bereits die Gültigkeit des euklidischen Schemas voraus und impliziert diese. Andererseits bestätigt die Tatsache, dass die George

5 vgl. Louis Rougier: *Traité de la connaissance*, Paris, 1955, S. 13 ff.

6 Ebd., S. 47 ff.

Washington Bridge über den Hudson River und viele tausend andere Brücken die von den Konstrukteuren erhofften Dienste leisten, die praktische Wahrheit nicht nur der angewandten Lehren der Physik, Chemie und Metallurgie, sondern ebenso der Geometrie Euklids. Das bedeutet, dass uns die Axiome, von denen Euklid ausgeht, etwas über die Außenwelt verraten, das unserem Verstand nicht weniger „wahr" erscheinen muss als die Lehren der experimentellen Naturwissenschaften.

Die Kritiker des Apriorismus verweisen darauf, dass bei bestimmten Problemen die Anwendung einer der nicht-euklidischen Geometrien bequemer erscheint als die Anwendung des euklidischen Systems. Die Festkörper und Lichtstrahlen unserer Umwelt verhalten sich, sagt Reichenbach, nach den Gesetzen von Euklid. Doch das sei, so ergänzt er, bloß „eine glückliche empirische Tatsache". Jenseits des Raumes unserer Umwelt verhalte sich die physische Welt nach anderen Geometrien.[7] Es ist müßig, diesen Punkt zu debattieren. Denn diese anderen Geometrien gehen ebenfalls von apriorischen Axiomen und nicht von experimentellen Fakten aus. Die Panempiristen können nicht erklären, wie eine deduktive Theorie, die von vermeintlich beliebigen Postulaten ausgeht, wertvolle, gar unersetzliche Dienste leisten kann bei den Vorhaben, die Bedingungen der Außenwelt korrekt zu beschreiben und mit ihnen erfolgreich umzugehen.

Die glückliche empirische Tatsache, auf die sich Reichenbach bezieht, ist die Tatsache, dass der menschliche Verstand die Fähigkeit hat, Theorien zu entwickeln, die – obwohl a priori – instrumentell für Vorhaben sind, irgendein aposteriorisches Erkenntnissystem zu konstruieren. Obwohl die Logik, Mathematik und Praxeologie nicht von der Erfahrung abgeleitet werden, sind sie nicht willkürlich konstruiert, sondern werden uns durch die Welt, in der wir leben und handeln und die wir erforschen

7 vgl. Hans Reichenbach: *The Rise of Scientific Philosophy*, Berkeley, 1951, S. 137.

wollen, auferlegt.[8] Sie sind nicht leer, nicht bedeutungslos und nicht bloß verbal. Sie sind – für den Menschen – die allgemeinsten Gesetze des Universums, und ohne sie wäre dem Menschen kein Wissen zugänglich.

Die apriorischen Kategorien sind die Gabe, die den Menschen dazu befähigen, alles spezifisch Menschliche zu erreichen, das ihn von anderen Wesen unterscheidet. Ihre Analyse ist die Analyse der *conditio humana*, der Rolle, die der Mensch im Universum spielt. Sie sind die Kraft, die den Menschen dazu befähigt, schöpferisch tätig zu sein und all das hervorzubringen, das menschliche Zivilisation genannt wird.

2. EINE HYPOTHESE ÜBER DEN URSPRUNG DER APRIORISCHEN KATEGORIEN

Die Konzepte der natürlichen Auslese und Evolution ermöglichen die Entwicklung einer Hypothese über das Entstehen der logischen Struktur des menschlichen Verstandes und des Apriori.

Tiere werden von Impulsen und Instinkten getrieben. Die natürliche Auslese eliminierte jene Einzeltiere und Arten, die Instinkte entwickelten, die eine Belastung im Überlebenskampf waren. Nur jene, die mit Impulsen ausgestattet waren, die ihrem Überleben dienlich waren, überlebten und konnten ihre Art vermehren.

Nichts hält uns von der Annahme ab, dass auf dem langen Weg von den nichtmenschlichen Vorfahren bis zur Entstehung der Gattung Homo sapiens einzelne Gruppen fortgeschrittener Anthropoiden mit Kategoriekonzepten experimentierten, die verschieden von jenen des Homo sapiens waren, und deren Einsatz zur Anleitung ihres Verhaltens versuchten. Da solche Pseudokategorien aber nicht

8 vgl. Morris Cohen: *A Preface to Logic*, New York, 1944, S.44 und 92; Mises: *Human Action*, S. 72-91.

an die Bedingungen der Wirklichkeit angepasst waren, war das Verhalten, das durch eine auf diesen beruhende Quasivernunft angeleitet wurde, zum Scheitern verurteilt und brachte jenen Verderben, die sich daran hielten. Nur jene Gruppen konnten überleben, deren Mitglieder in Übereinstimmung mit den richtigen Kategorien handelten, nämlich jenen, die mit der Wirklichkeit konform waren und daher – um das Konzept des Pragmatismus zu verwenden – funktionierten.[9]

Die Bezugnahme auf diese Interpretation des Ursprungs der apriorischen Kategorien berechtigt jedoch nicht dazu, diese als Produkt der Erfahrung zu bezeichnen – sozusagen einer vormenschlichen und vorlogischen Erfahrung.[10] Wir dürfen den grundlegenden Unterschied zwischen Finalität und deren Abwesenheit nicht verwischen.

Das darwinistische Konzept der natürlichen Auslese versucht phylogenetische Veränderungen ohne Rückgriff auf Finalität als ein Naturphänomen zu erklären. Natürliche Auslese wirkt nicht nur ohne jede zielgerichtete Intervention seitens äußerer Faktoren, sondern auch ohne jedes zielgerichtete Verhalten seitens der jeweils betrachteten Einzelwesen.

Erfahrung ist ein geistiger Vorgang seitens denkender und handelnder Menschen. Es ist unmöglich, ihr irgendeine Rolle in einer rein natürlichen Kausalfolge zuzuschreiben, die durch die Abwesenheit zielgerichteten Verhaltens charakterisiert ist. Ein Mittelding zwischen einem Entwurf und der Abwesenheit eines Entwurfs ist logisch unmöglich. Jene Primaten, die dienliche Kategorien hatten, überlebten; sie entschieden sich nicht, sie zu übernehmen, weil sie diese als dienlich erfahren hatten. Sie überlebten, weil sie auf keine anderen Kategorien zurückgriffen, die ihre eigene Auslöschung nach sich gezogen hätten. So wie die Evolution alle anderen Gruppen eliminierte, deren Individuen aufgrund spezifischer Körpereigenschaften unter

9 Mises: *Human Action*, S. 86 ff.

10 Wie es J. Benda: *La crise du rationalisme*, Paris, 1949, S. 27 ff., vorschlägt.

ihren besonderen Umweltbedingungen nicht lebensfähig waren, eliminierte sie auch jene Gruppen, deren Verstand sich in einer Weise entwickelte, der dessen Gebrauch zur Handlungsanleitung schädlich machte.

Die apriorischen Kategorien sind nicht angeborene Ideen. Das normale – gesunde –Kind erbt von seinen Eltern keine Kategorien, Ideen oder Konzepte, sondern den menschlichen Verstand, der die Fähigkeit aufweist, zu lernen und Ideen zu erdenken, die Fähigkeit, seinen Träger dazu zu veranlassen, sich wie ein menschliches Wesen zu verhalten, d.h., zu handeln.

Wie auch immer wir über dieses Problem denken mögen, eine Sache ist gewiss. Da die apriorischen Kategorien, die der logischen Struktur des menschlichen Verstandes entstammen, den Menschen dazu befähigt haben, Theorien zu entwickeln, deren praktische Anwendung ihm bei seinen Vorhaben geholfen haben, im Überlebenskampf zu bestehen und seine gewünschten Ziele zu erreichen, vermitteln diese Kategorien gewisse Informationen über die Wirklichkeit des Universums. Es sind nicht bloß beliebige Annahmen ohne jeden Informationsgehalt, nicht bloße Konventionen, die genauso gut durch andere ersetzt werden könnten. Sie sind das notwendige geistige Werkzeug, um die Sinnesdaten in einer systematischen Weise zu ordnen und sie in Erfahrungstatsachen umzuwandeln, sowie diese wiederum in Theoriebausteine und schließlich die Theorien in Techniken zur Erreichung der angestrebten Ziele.

Auch Tiere sind mit Sinnen ausgestattet; einige sind sogar dazu fähig, Reize wahrzunehmen, die menschlichen Sinnen verborgen bleiben. Was sie daran hindert, ihre Sinneseindrücke so zu nutzen wie der Mensch, ist nicht eine Minderwertigkeit ihres Sinnesapparats, sondern die Tatsache, dass ihnen fehlt, was man den menschlichen Verstand nennt, mitsamt seiner logischen Struktur und seinen apriorischen Kategorien.

Theorie ist im Gegensatz zur Geschichtsschreibung die Suche nach konstanten Beziehungen zwischen Entitäten oder, gleichbedeutend, nach Regelmäßigkeiten in der

Ereignisabfolge. Indem der Philosoph die Epistemologie als eine Erkenntnistheorie begründet, geht er implizit davon aus, dass es im intellektuellen Bemühen des Menschen etwas gibt, das unverändert bleibt, nämlich die logische Struktur des menschlichen Verstandes. Wenn es nichts Permanentes in den Erscheinungen des menschlichen Verstandes gäbe, könnte es keine Erkenntnistheorie geben, sondern nur einen historischen Bericht über die verschiedenen Erkenntnisversuche von Menschen. Der Zustand der Epistemologie würde jenen der verschiedenen Zweige der Geschichtswissenschaften ähneln, beispielsweise der sogenannten Politikwissenschaft. So wie die Politikwissenschaft bloß festhält, was in ihrem Feld in der Vergangenheit getan oder vorgeschlagen wurde, aber nichts über unveränderliche Beziehungen zwischen den von ihr behandelten Elementen sagen kann, müsste sich die Epistemologie darauf beschränken, historische Daten über die geistigen Aktivitäten der Vergangenheit zu sammeln.

Die Betonung der Tatsache, dass die logische Struktur des menschlichen Verstandes allen Individuen der Gattung Homo sapiens gemein ist, soll nicht bedeuten, dass der menschliche Verstand, wie wir ihn kennen, das einzige oder für alle Zeiten bestmögliche geistige Werkzeug wäre, das erdacht werden oder in Erscheinung treten kann. Die Epistemologie behandelt so wie alle anderen Wissenschaften weder die Ewigkeit noch Zustände in Teilen des Universums, von denen kein Zeichen unsere Himmelsbahn erreicht, noch, was möglicherweise in zukünftigen Weltaltern geschehen mag. Vielleicht gibt es irgendwo im unendlichen Universum Wesen, deren Verstand den unseren so überragt wie unser Verstand jenen von Insekten. Vielleicht werden irgendwann irgendwo Wesen leben, die uns mit der selben Verachtung betrachten wie wir Amöben. Doch das wissenschaftliche Denken kann sich solchen Denkbildern nicht hingeben. Es muss sich darauf beschränken, was dem menschlichen Verstand, so wie er ist, zugänglich ist.

3. DAS APRIORI

Man löscht die kognitive Bedeutung des Apriori nicht dadurch aus, indem man es als tautologisch qualifiziert. Eine Tautologie muss der Definition nach die Tautologie – Neuformulierung – von etwas sein, das bereits zuvor ausgedrückt wurde. Wenn wir die euklidische Geometrie als ein hierarchisches System von Tautologien qualifizieren, können wir sagen: Der pythagoreische Lehrsatz ist tautologisch, da er etwas ausdrückt, das bereits in der Definition eines rechtwinkeligen Dreiecks enthalten ist.

Die Frage ist jedoch: Wie kamen wir zur ersten – zur grundlegenden – Aussage, wovon die zweite – die abgeleitete – Aussage eine bloße Tautologie ist? Im Fall der verschiedenen Geometrien ist die heute gegebene Antwort entweder *(a)* durch eine willkürliche Wahl oder *(b)* aufgrund von Bequemlichkeit oder Nützlichkeit. Eine solche Antwort ist hinsichtlich der Kategorie des Handelns nicht zulässig.

Wir können das Konzept des Handelns auch nicht als Erfahrungsresultat interpretieren. Von der Erfahrung zu sprechen, ist dann sinnvoll, wenn etwas anderes als das, was jeweils konkret erfahren wurde, überhaupt vor der Erfahrung erwartet werden konnte. Die Erfahrung lehrt uns etwas, das wir zuvor nicht wussten und nicht anders als durch Erfahrung lernen konnten. Doch das Charakteristikum des apriorischen Wissens ist, dass die Negation dieses Wissens oder etwas, das im Widerspruch dazu steht, nicht als wahr gedacht werden kann. Was das Apriori ausdrückt, ist notwendigerweise in jeder Behauptung über die betrachtete Frage enthalten. Es ist in all unserem Denken und Handeln impliziert.

Wenn wir ein Konzept oder einen Satz als a priori qualifizieren, wollen wir folgendes sagen: Erstens, dass die Negation der jeweiligen Aussage für den menschlichen Verstand undenkbar ist und als Unsinn erscheint; zweitens, dass dieses apriorische Konzept oder dieser apriorische Satz notwendigerweise in unserem geistigen Zugang zu den betrachteten Problemen impliziert ist, also in unserem Denken und Handeln über diese Probleme.

Die apriorischen Kategorien sind die geistige Ausrüstung, mithilfe derer der Mensch fähig ist, zu denken und zu erfahren und dadurch Wissen zu erwerben. Ihre Wahrheit oder Gültigkeit kann nicht bewiesen oder widerlegt werden wie jene aposteriorischer Sätze, denn es handelt sich dabei eben um jene Werkzeuge, die uns erst ermöglichen, das Wahre und Gültige vom Falschen und Ungültigen zu unterscheiden.

Was wir wissen, ist, was uns die Natur oder Struktur unserer Sinne und unseres Verstandes verständlich gemacht hat. Wir sehen die Wirklichkeit nicht, wie sie „ist" und wie sie einem perfekten Wesen erscheinen mag, sondern nur so, wie sie uns die Qualität unseres Verstandes und unserer Sinne zu sehen erlaubt. Radikaler Empirismus und Positivismus wollen das nicht zugeben. Wie sie es beschreiben, schreibt die Wirklichkeit als Erfahrung ihre eigene Geschichte auf die weißen Blätter des menschlichen Verstandes. Sie geben zu, dass unsere Sinne unvollkommen sind und die Wirklichkeit nicht voll und getreu widerspiegeln. Doch sie untersuchen nicht die Macht des Verstandes, aus dem durch die Sinne vermittelten Material ein unverzerrtes Bild der Wirklichkeit zu schaffen. Wenn wir das Apriori betrachten, betrachten wir die geistigen Werkzeuge, die uns dazu befähigen, zu lernen, zu wissen und zu handeln. Wir betrachten die Macht des Verstandes, und das umfasst die Betrachtung der Grenzen seiner Macht.

Wir dürfen niemals vergessen, dass unser Bild von der Wirklichkeit des Universums durch die Struktur unseres Verstandes und unserer Sinne bedingt ist. Wir können die Hypothese nicht ausschließen, dass es Eigenschaften der Wirklichkeit gibt, die unseren geistigen Fähigkeiten verborgen bleiben, aber von Wesen mit einem effizienteren Verstand, und gewiss von einem vollkommenen Wesen, erkannt werden könnten. Wir müssen uns der charakteristischen Eigenschaften und Beschränkungen unseres

Verstandes bewusst werden, um nicht der Illusion der Allwissenheit zu erliegen.

Die positivistische Einbildung einiger der Vorläufer des modernen Positivismus äußerte sich am unverhohlensten in der Maxime: Gott ist ein Mathematiker. Wie können Sterbliche, die mit offenkundig unvollkommenen Sinnen ausgestattet sind, für ihren Verstand die Fähigkeit beanspruchen, das Universum in der selben Weise zu erkennen wie es das vollkommenste Wesen könnte? Der Mensch kann wesentliche Eigenschaften der Wirklichkeit nicht ohne Hilfe mathematischer Werkzeuge analysieren. Aber gilt das auch für das vollkommenste Wesen?

Letztlich ist es vergebene Liebesmüh, Zeit für Kontroversen über das Apriori aufzuwenden. Niemand kann leugnen, dass kein menschlicher Verstandesakt und keine menschliche Erkenntnissuche darauf verzichten könnte, was uns diese apriorischen Konzepte, Kategorien und Sätze vermitteln. Kein noch so spitzfindiges Argument kann die grundlegende Rolle in Frage stellen, welche die Kategorie des Handelns für alle Probleme der Humanwissenschaft, für die Praxeologie, für die Ökonomik und die Geschichtswissenschaft spielt.

4. DIE APRIORISCHE REPRÄSENTATION DER WIRKLICHKEIT

Dem Menschen wäre kein Denken und Handeln möglich, wenn das Universum chaotisch wäre, wenn es also keinerlei Regelmäßigkeiten in der Abfolge und Verkettung der Ereignisse geben würde. In einer solchen Welt unbeschränkter Bedingtheit könnte nichts wahrgenommen werden als unablässiger, kaleidoskopischer Wandel. Der Mensch hätte keine Möglichkeit, irgendwelche Erwartungen zu hegen. Jede Erfahrung wäre rein historisch, das Festhalten vergangenen Geschehens. Kein Schluss von vergangenen Ereignissen auf zukünftige wäre zulässig. Der Mensch wäre somit um seine Handlungsfähigkeit gebracht. Er könnte allenfalls ein passiver Beobachter sein und keinerlei Pläne für die Zukunft treffen, nicht einmal für die unmittelbarste. Die erste und grundlegende Errungenschaft des Denkens ist das Bewusstsein konstanter Beziehungen zwischen den externen Phänomenen, die unsere Sinne berühren. Ein Bündel von Ereignissen, die regelmäßig in bestimmter Weise mit anderen Ereignissen verbunden sind, wird ein spezifisches Ding genannt und als solches von anderen spezifischen Dingen unterschieden. Der Ansatzpunkt experimentellen Wissens ist die Erkenntnis, dass auf ein *A* stets ein *B* folgt. Der Gebrauch dieses Wissens entweder für die Produktion von *B* oder zur Vermeidung des Auftretens von *B* wird eine Handlung genannt. Das vorrangige Ziel einer Handlung ist es, entweder *B* hervorzubringen oder es zu verhindern.

Was Philosophen auch immer über Kausalität sagen mögen, es bleibt die Tatsache bestehen, dass keine Handlung von Menschen durchgeführt werden könnte, die nicht von dieser geleitet wird. Genausowenig können wir uns einen Verstand vorstellen, der sich der Verbindung zwischen Ursache und Wirkung nicht bewusst wäre. In diesem Sinne können wir von Kausalität als einer Kategorie oder einem Apriori des Denkens und Handelns sprechen.

Dem Menschen, der durch zielgerichtetes Verhalten ein gefühltes Unwohlsein abstellen möchte, stellt sich die Frage: Wo, wie und wann wäre ein Eingriff nötig, um ein bestimmtes Resultat zu erzielen? Die Erkenntnis der Beziehung zwischen Ursache und Wirkung ist der erste Schritt zur Orientierung des Menschen in der Welt und die intellektuelle Bedingung jeder erfolgreichen Tätigkeit. Alle Versuche, eine zufriedenstellende logische, epistemologische oder metaphysische Begründung für die Kategorie der Kausalität zu finden, waren zum Scheitern verurteilt. Alles, was wir über die Kausalität aussagen können, ist, dass sie ein Apriori nicht nur des menschlichen Denkens, sondern auch des menschlichen Handelns ist.

Bedeutende Philosophen haben versucht, eine vollständige Liste der apriorischen Kategorien, der notwendigen

Bedingungen der Erfahrung und des Denkens zu erarbeiten. Es ist keine Schmälerung dieser Versuche der Analyse und Systematisierung, wenn man bemerkt, dass jede vorgeschlagene Lösung breiten Ermessensraum für den jeweiligen Denker lässt. Es gibt nur einen Punkt, über den es keine Uneinigkeit geben kann, nämlich, dass all diese Lösungsvorschläge auf die apriorische Einsicht über die Regelmäßigkeit in der Abfolge aller beobachtbaren Phänomene der Außenwelt reduziert werden können. In einem Universum, dem diese Regelmäßigkeit fehlte, könnte es kein Denken und keine Erfahrung geben. Denn Erfahrung bedeutet, sich dessen bewusst zu sein, was im Rahmen der Wahrnehmung übereinstimmt und was nicht; dies ist der erste Schritt zu einer Klassifizierung der Ereignisse. Und das Konzept von Klassen wäre leer und nutzlos, wenn es keine Regelmäßigkeit gäbe.

Wenn es keine Regelmäßigkeit gäbe, wäre es unmöglich, sich einer Klassifizierung zu bedienen und eine Sprache zu konstruieren. Alle Wörter bezeichnen Bündel regelmäßig verbundener Wahrnehmungsakte oder regelmäßige Beziehungen zwischen solchen Bündeln. Das gilt auch für die Sprache der Physik, welche die Positivisten zu einer universellen Wissenschaftssprache erheben wollen. In einer Welt ohne Regelmäßigkeit gäbe es keine Möglichkeit, „Protokollsätze" zu formulieren.[11] Doch selbst wenn es möglich wäre, könnte eine solche „Protokollsprache" kein Ansatzpunkt für eine Wissenschaft der Physik sein. Sie würde bloß historische Fakten ausdrücken.

Wenn es keine Regelmäßigkeit gäbe, könnte aus der Erfahrung nichts gelernt werden. Indem der Empirismus die Erfahrung als Hauptwerkzeug der Erkenntnis ausruft, bestätigt er implizit die Grundsätze der Regelmäßigkeit und Kausalität. Wenn sich der Empirist auf die Erfahrung bezieht, bedeutet dies: da *B* in der Vergangenheit auf *A* folgte, und da wir von einer Regelmäßigkeit in der

11 Über die „Protokollsprache", vgl. Carnap: „Die physikalische Sprache als Universalsprache der Wissenschaft," *Erkenntnis*, II, 1931, S. 432–465, und Carnap: „Über Protokollsätze," *Erkenntnis*, III, 1932/33, S. 215–228.

Verkettung und Abfolge von Naturereignissen ausgehen, erwarten wir, dass *B* auch in Zukunft auf *A* folgen wird. Daher besteht ein grundlegender Unterschied zwischen der Bedeutung der Erfahrung im Bereich von Naturereignissen und im Bereich menschlichen Handelns.

5. INDUKTION

Logisches Denken ist notwendigerweise stets deduktiv. Das wurde implizit zugegeben durch alle Versuche, ampliative Induktion durch Beweis ihrer logischen Legitimität zu rechtfertigen, das heißt durch eine deduktive Interpretation der Induktion. Die Misere des Empirismus besteht eben in diesem Scheitern, eine zufriedenstellende Erklärung dafür zu bieten, wie es möglich sein soll, aus beobachteten Fakten etwas über noch unbeobachtete Fakten zu folgern.

Jedes menschliche Wissen über das Universum setzt die Erkenntnis der Regelmäßigkeit in der Abfolge und Verkettung beobachtbarer Fakten voraus und beruht darauf. Es wäre müßig, eine Regel zu suchen, wenn es keine Regelmäßigkeit gäbe. Induktives Schließen geht von Annahmen aus, die ausnahmslos die grundlegende Prämisse der Regelmäßigkeit beinhalten.

Das praktische Problem ampliativer Induktion muss deutlich vom logischen Problem unterschieden werden. Induktives Schließen ist mit dem Problem korrekter Stichprobenentnahme konfrontiert. Wurden von den unzählbaren Eigenschaften der beobachteten Einzelfälle genau jene ausgewählt, die ursächlich relevant für den betrachteten Effekt sind? Fehler bei dieser Auswahl vereiteln Versuche, etwas über den Zustand der Wirklichkeit zu lernen, ob beim Suchen nach Wahrheit im täglichen Leben oder bei systematischer wissenschaftlicher Forschung. Kein Wissenschaftler zweifelt, dass, was in einem Fall *korrekt* beobachtet wurde, auch in allen anderen Fällen mit gleichen Bedingungen zu beobachten sein muss. Das Ziel von Laborexperimenten ist es, die Folgen einer Veränderung eines einzigen Faktors zu beobachten, während alle anderen Faktoren gleich bleiben. Der Erfolg solcher Experimente setzt natürlich die Kontrolle aller für die Anordnung relevanten Bedingungen voraus. Die Schlüsse, die aus Experimenten gezogen werden, beruhen nicht auf der Wiederholung der selben Anordnung, sondern auf der Annahme, dass, was in einem Fall geschah, auch in allen anderen Fällen gleicher Art notwendigerweise geschehen muss. Es wäre unmöglich irgendetwas von einem Fall oder von einer endlosen Reihe von Fällen abzuleiten ohne diese Annahme, welche die apriorische Kategorie der Regelmäßigkeit impliziert. Erfahrung ist stets die Erfahrung vergangener Ereignisse und könnte uns nichts über zukünftige Ereignisse lehren, wenn die Kategorie der Regelmäßigkeit nur eine leere Behauptung wäre.

Der auf Wahrscheinlichkeiten beruhende Zugang der Panphysikalisten zum Induktionsproblem ist ein misslungener Versuch, Induktion ohne Bezug auf die Kategorie der Regelmäßigkeit zu behandeln. Ohne Berücksichtigung der Regelmäßigkeit gibt es keinerlei Grund, von vergangenem Geschehen auf zukünftiges zu schließen. Sobald die Kategorie der Regelmäßigkeit fallen gelassen wird, scheint jedes wissenschaftliche Bemühen nutzlos und die Erkenntnissuche nach dem, was man gemeinhin als Naturgesetze bezeichnet, wird sinnlos. Womit hat die Naturwissenschaft zu tun, wenn nicht mit der Regelmäßigkeit im Ereignisfluss?

Dennoch wird die Kategorie der Regelmäßigkeit von den Verfechtern des logischen Positivismus verworfen. Sie behaupten, dass die moderne Physik zu Resultaten geführt habe, die unvereinbar mit der Lehre einer universell bestehenden Regelmäßigkeit seien, und gezeigt habe, dass das, was durch die „Schulphilosophie" als Ausdruck einer notwendigen und unaufhaltsamen Regelmäßigkeit angesehen wurde, bloß das Produkt einer großen Zahl atomarer Vorgänge sei. Im mikroskopischen Bereich gebe es, so sagen sie, keinerlei Regelmäßigkeit. Was die makroskopische

Physik als Ergebnis des Wirkens einer strikten Regelmäßigkeit zu betrachten pflegte, sei bloß das Resultat einer großen Zahl völlig zufälliger Elementarereignisse. Die Gesetze der makroskopischen Physik seien keine strengen Gesetze, sondern in Wirklichkeit statistische Gesetze. Es könnte passieren, dass die Ereignisse im mikroskopischen Bereich im makroskopischen Bereich Ereignisse hervorbringen, die sich von jenen unterscheiden, die durch die bloß statistischen Gesetze der makroskopischen Physik beschrieben werden, obwohl, wie sie zugeben, die Wahrscheinlichkeit dafür sehr klein sei. Doch, so behaupten sie, die Erkenntnis dieser Möglichkeit widerlegt die Vorstellung, dass im Universum eine strenge Regelmäßigkeit in der Abfolge und Verkettung aller Ereignisse herrsche. Die Kategorien der Regelmäßigkeit und Kausalität müssten also aufgegeben und durch die Gesetze der Wahrscheinlichkeitslehre ersetzt werden.[12]

Es ist wahr, dass die Physiker unserer Zeit mit elementarem Verhalten konfrontiert sind, das sie nicht als Resultat erkennbarer Regelmäßigkeit beschreiben können. Es ist jedoch nicht das erste Mal, dass die Wissenschaft einem solchen Problem gegenübersteht. Die menschliche Erkenntnissuche wird stets etwas entdecken, das sie nicht auf etwas anderes zurückführen kann, als dessen notwendige Folge es erscheint. In der Wissenschaft gibt es immer eine letzte Gegebenheit. Für die gegenwärtige Physik scheint das Verhalten der Atome eine solche letzte Gegebenheit zu sein. Heutigen Physikern gelingt es nicht, bestimmte atomare Prozesse auf ihre Ursachen zu reduzieren. Die beeindruckenden Leistungen der Physik werden nicht durch die Feststellung der Tatsache gemindert, dass dieser Zustand eben das ist, was man gemeinhin Unwissenheit nennt.

Was den menschlichen Verstand befähigt, sich in der verwirrenden Vielfalt externer Reize, die auf unsere Sinne treffen, zu orientieren, Wissen zu erwerben und die Naturwissenschaften zu entwickeln, ist die Erkenntnis einer

12 Vgl. Reichenbach: *The Rise of Scientific Philosophy*, Berkeley, 1951, S. 157 ff.

unvermeidlichen Regelmäßigkeit und Einheitlichkeit, die in der Abfolge und Verkettung solcher Ereignisse besteht. Das Kriterium, das uns zur Unterscheidung der Klassen von Dingen führt, ist das Verhalten dieser Dinge. Wenn sich ein Ding nur in einer Hinsicht in anderer Weise verhält (auf einen bestimmten Reiz reagiert) als ein anderes Ding, dem es sonst in jeder Hinsicht gleicht, muss es einer anderen Klasse zugerechnet werden.

Wir können die Moleküle und Atome, deren Verhalten den Wahrscheinlichkeitslehren zugrunde liegt, entweder als Ursprungselemente oder als Ableitungen der Ursprungselemente der Wirklichkeit ansehen. Es spielt keine Rolle, welche dieser Alternativen wir wählen. Denn in jedem Fall ist ihr Verhalten die Folge ihrer Natur. (Korrekter ausgedrückt: Es ist ihr Verhalten, das konstituiert, was wir ihre Natur nennen.) Wie erkennen verschiedene Klassen von Molekülen und Atomen. Sie sind nicht gleichförmig; was wir Moleküle und Atome nennen, sind Gruppen, die aus verschiedenen Untergruppen zusammengesetzt sind, deren Elemente sich in ihrem Verhalten in irgendeiner Hinsicht von den Elementen anderer Untergruppen unterscheiden. Wenn das Verhalten aller Elemente der verschiedenen Untergruppen ein anderes wäre oder wenn die zahlenmäßige Verteilung der Untergruppenzugehörigkeit anders wäre, wäre auch der Gesamteffekt, der durch das Verhalten aller Gruppenelemente erzeugt wird, ein anderer. Dieser Effekt wird durch zwei Faktoren bestimmt: das besondere Verhalten der Elemente jeder Untergruppe und die Größe der jeweiligen Untergruppe. Wenn die Verfechter der Wahrscheinlichkeitslehre der Induktion die Tatsache anerkannt hätten, dass es verschiedene Untergruppen mikroskopischer Elemente gibt, hätten sie erkannt, dass der Gesamteffekt der Wirkung dieser Elemente das hervorbringt, was der makroskopische Zugang ein Gesetz ohne Ausnahme nennt. Sie hätten zugeben müssen, dass wir noch nicht wissen, warum sich die Untergruppen voneinander unterscheiden und wie der eindeutige Gesamteffekt aus der Wechselwirkung der Elemente der verschiedenen

Untergruppen auf makroskopischer Ebene hervortritt. Anstelle dieses Prozesses schreiben sie den individuellen Molekülen und Atomen willkürlich die Fähigkeit zu, unter verschiedenen Verhaltensalternativen zu wählen. Ihre Lehre unterscheidet sich kaum vom primitiven Animismus. So wie die Primitiven der „Seele" des Flusses die Macht zuschrieben, zwischen einem ruhigen Fließen in seinem gewohnten Bett und der Überflutung der anliegenden Felder zu wählen, glauben sie, dass diese mikroskopischen Elemente die Freiheit haben, bestimmte Eigenheiten ihres Verhaltens zu bestimmen, beispielsweise die Geschwindigkeit und den Pfad ihrer Bewegungen. Ihre Philosophie impliziert, dass diese mikroskopischen Elemente ebenso wie die Menschen handelnde Wesen sind.

Selbst wenn wir diese Interpretation akzeptierten, dürften wir nicht vergessen, dass menschliches Handeln völlig durch die physiologische Ausstattung der Individuen und all die Ideen, die in ihrem Verstand arbeiten, bestimmt ist. Da wir keinen Grund zur Annahme haben, dass diese mikroskopischen Elemente mit einem ideenbildenden Verstand ausgestattet sind, müssen wir annehmen, dass das, was als ihre Wahlakte angesehen wird, ihrer physischen und chemischen Struktur entsprechen müsste. Das individuelle Atom oder Molekül verhält sich in einer bestimmten Umwelt und unter bestimmten Bedingungen genauso, wie es seine Struktur vorschreibt. Die Geschwindigkeit und der Pfad ihrer Bewegungen und ihre Reaktion beim Zusammentreffen mit Faktoren, die außerhalb ihrer Natur oder Struktur liegen, sind streng durch diese Natur oder Struktur bestimmt. Wer diese Interpretation nicht akzeptiert, gibt sich der absurden metaphysischen Annahme hin, dass diese Moleküle und Atome mit einem freien Willen ausgestattet sind, und zwar einem freien Willen in dem Sinne, wie ihn die radikalsten und naivsten indeterministischen Lehren dem Menschen zuschrieben.

Bertrand Russell versucht das Problem zu illustrieren, indem er die Position der Quantenmechanik zum Verhalten der Atome mit der Position eines Eisenbahnunternehmens zum Verhalten seiner Passagiere vergleicht. Der Schalterbedienstete in Paddington kann, wenn er möchte, herausfinden, welcher Anteil der Passagiere von diesem Bahnhof nach Birmingham fährt, welcher Anteil nach Exeter usw., aber er weiß nichts über die individuellen Gründe, die jeweils zu einer Wahl oder zur anderen führen. Doch Russell muss zugeben, dass die Fälle nicht *„gänzlich analog"* sind, da der Schalterbedienstete abseits seiner beruflichen Aufgaben Dinge über Menschen herausfinden kann, die sie nicht erwähnen, wenn sie Fahrkarten kaufen, während der Physiker bei der Beobachtung von Atomen diesen Vorteil entbehrt.[13]

Es ist bezeichnend für Russells Argumentation, dass er sich für sein Beispiel auf den Verstand eines untergeordneten Bediensteten bezieht, dem die gleichförmige Ausführung einer streng beschränkten Zahl einfacher Operationen aufgetragen ist. Was ein solcher Mensch (dessen Arbeit genauso gut durch einen Fahrkartenautomaten durchgeführt werden könnte) über Dinge denkt, die den engen Rahmen seiner Aufgaben übersteigen, ist ohne Belang. Für die Unternehmer, von denen die Initiative zur Durchführung des Eisenbahnprojekts kam, für die Kapitalisten, die in das Unternehmen investierten, und für die Manager, die den Betrieb führen, erscheinen die gegebenen Probleme in einem ganz anderen Licht. Sie bauten und betreiben die Bahnverbindung, weil sie die Tatsache antizipieren, dass bestimmte Gründe eine gewisse Zahl von Menschen dazu bewegen werden, von einem Punkt der Verbindung zu einem anderen zu reisen. Sie kennen die Bedingungen, die das Verhalten dieser Menschen bestimmen, sie wissen auch, dass diese Bedingungen veränderlich sind, und sie versuchen, die Größe und Richtung dieser Veränderungen zu beeinflussen, um ihren Kundenstock und die Unternehmenserlöse zu halten und zu steigern. Ihre Geschäftsgebarung hat nichts mit einer Abhängigkeit von einem mythischen „statistischen Gesetz" zu tun. Sie

13 B. Russell: *Religion and Science*, London, 1936, S. 152 ff.

wird durch die Einsicht geleitet, dass es eine latente Nachfrage nach Beförderung seitens einer hinreichenden Zahl von Menschen gibt, sodass es sich auszahlt, diese durch Betrieb einer Bahnverbindung zu befriedigen. Zudem sind sie sich der Tatsache völlig bewusst, dass die Quantität der von ihnen verkauften Dienstleistung eines Tages derart drastisch sinken könnte, dass ihr Unternehmen um seine Lebensgrundlage gebracht würde.

Bertrand Russell und alle anderen Positivisten, die sich auf sogenannte „statistische Gesetze" beziehen, begehen einen schweren Fehler, wenn sie sich zu menschlicher Statistik äußern, also Statistik, die mit den Tatsachen menschlichen Handelns zu tun hat, im Gegensatz zu den Tatsachen menschlicher Physiologie. Sie übersehen, dass all diese statistischen Daten in ständigem, mal schnellerem, mal langsamerem Wandel begriffen sind. Bei menschlichen Bewertungen und folglich menschlichen Handlungen gibt es keine solche Regelmäßigkeit wie im Bereich, der von den Naturwissenschaften untersucht wird. Menschliches Verhalten wird von Motiven geleitet, und der Historiker, der mit der Vergangenheit zu tun hat, sowie der Geschäftsmann, der die Zukunft vorherzusehen beabsichtigt, müssen versuchen, dieses Verhalten zu „verstehen".[14]

Wenn die Historiker und die handelnden Individuen nicht fähig wären, dieses spezifische Verstehen des Verhaltens ihrer Mitmenschen anzuwenden, und wenn die Naturwissenschaften und die handelnden Individuen nicht in der Lage wären, die Regelmäßigkeit in der Verkettung und Abfolge von Naturereignissen zu erfassen, erschiene ihnen das Universum als unverständliches Chaos und sie könnten keine Mittel zur Erreichung ihrer Ziele ersinnen. Es gäbe kein Nachdenken, kein Wissen und keine Wissenschaft, und dem Menschen wäre keine zielgerichtete Einflussnahme auf die Umweltbedingungen möglich.

Die Naturwissenschaften sind nur möglich, weil eine Regelmäßigkeit in der Abfolge externer Ereignisse besteht.

14 Über das „Verstehen", siehe unten S. 73 ff.

Natürlich ist das, was der Mensch über die Struktur des Universums lernen kann, begrenzt. Es gibt unbeobachtbare Größen und Zusammenhänge, welche die Wissenschaft bislang nicht deuten konnte. Doch das Bewusstsein dieser Tatsachen falsifiziert nicht die Kategorien der Regelmäßigkeit und Kausalität.

6. DAS PARADOXON DES PROBABILISTISCHEN EMPIRISMUS

Der Empirismus behauptet, dass die Erfahrung die einzige Quelle menschlichen Wissens sei und lehnt die Vorstellung, dass jede Erfahrung apriorische Kategorien voraussetzt, als metaphysisches Vorurteil ab. Doch ausgehend vom empiristischen Zugang postuliert er die Möglichkeit von Ereignissen, die noch nie ein Mensch erfahren hat. So wird behauptet, dass die Physik die Möglichkeit nicht ausschließen könne, dass bei Zugabe eines Eiswürfels in ein Glas Wasser „das Wasser anfängt zu kochen und das Stück Eis immer kälter wird."[15]

Dieser Neoempirismus ist jedoch weit davon entfernt, konsistent in der Anwendung seiner Lehre zu sein. Wenn es keine Regelmäßigkeit in der Natur gibt, berechtigt nichts zur Unterscheidung zwischen verschiedenen Klassen von Dingen und Ereignissen. Wenn man manche Moleküle Sauerstoff und andere Stickstoff nennt, impliziert man damit, dass sich jedes Element dieser Klassen in einer bestimmten Weise verhält, die sich vom Verhalten der Elemente anderer Klassen unterscheidet. Wenn man davon ausgeht, dass das Verhalten eines individuellen Moleküls vom Verhalten anderer Moleküle abweichen kann, muss man es entweder einer besonderen Klasse zuordnen oder annehmen, dass die Abweichung durch die Intervention von etwas ausgelöst wurde, dem die anderen Elemente der selben Klasse nicht ausgesetzt waren. Die Aussage,

15 Vgl. Reichenbach, S. 185 (2. Aufl. 1968)

die Möglichkeit nicht ausschließen zu können, „dass sich eines Tages die Luftmoleküle in unserem Zimmer durch reinen Zufall so anordnen, dass die Sauerstoffmoleküle sich auf der einen Seite des Zimmers und die Stickstoffmoleküle auf der anderen Seite ansammeln"[16], impliziert, dass es nichts in der Natur des Sauerstoffs oder Stickstoffs oder in der Umwelt, in der diese Stoffe auftreten, gäbe, das ihre Verteilung in der Luft bestimmt. Dies entspricht der Annahme, dass das Verhalten der einzelnen Moleküle in jeder anderen Hinsicht durch ihre Zusammensetzung bestimmt ist, sie aber „frei" wären, ihren Aufenthaltsort zu wählen. Diese Annahme geht willkürlich davon aus, dass eine Eigenschaft der Moleküle, nämlich ihre Bewegung, unbestimmt wäre, während alle anderen Eigenschaften bestimmt wären. Das würde bedeuten, dass es etwas in der Natur der Moleküle – ihrer „Seele", wie man versucht ist zu sagen – gäbe, das sie befähigte, ihre Trajektorie zu „wählen". Dabei wird übersehen, dass eine vollständige Beschreibung des Molekülverhaltens auch ihre Bewegungen umfassen müsste. Sie müsste den Prozess erklären, wodurch sich Sauerstoff- und Stickstoffmoleküle miteinander in der Luft vermengen.

Wenn Reichenbach ein Zeitgenosse von Magiern und Medizinmännern gewesen wäre, hätte er argumentiert: Manche Menschen werden von einer tödlichen Krankheit mit bestimmten Symptomen befallen, andere bleiben gesund und am Leben. Wir kennen keinen Faktor, dessen Anwesenheit das Leiden der Erkrankten und dessen Abwesenheit die Immunität der anderen verursachen würde. Offensichtlich kann man diese Phänomene nicht wissenschaftlich behandeln, wenn man dem abergläubischen Konzept der Kausalität anhängt. Alles, was wir darüber wissen können, ist das „statistische Gesetz", dass X Prozent der Bevölkerung erkrankten und der Rest nicht.

16 Reichenbach, S. 184 (2. Aufl. 1968)

7. MATERIALISMUS

Der Determinismus muss klar vom Materialismus unterschieden werden. Der Materialismus erklärt, dass die einzigen Faktoren, die eine Veränderung verursachen, jene sind, die den Methoden der Naturwissenschaften zugänglich sind. Er leugnet nicht unbedingt die Tatsache, dass menschliche Ideen, Werturteile und Willensregungen ebenfalls real sind und bestimmte Veränderungen hervorrufen können. Sofern dies nicht geleugnet wird, behauptet er jedoch, dass diese „ideellen" Faktoren die unausweichliche Folge äußerer Ereignisse wären, die beim Menschen physiologische Reaktion erzeugten. Es wäre bloß die Unvollkommenheit der heutigen Naturwissenschaften, die uns daran hindert, alle Erscheinungen des menschlichen Geistes auf materielle – physikalische, chemische, biologische und physiologische – Ereignisse zurückzuführen. Ein vollkommeneres Wissen würde zeigen, wie die materiellen Faktoren notwendigerweise im Menschen Mohammed den Islam, im Menschen Descartes das kartesische Koordinatensystem und im Menschen Racine die Tragödie *Phädra* hervorgebracht hätten.

Es ist sinnlos, mit den Vertretern einer Lehre zu debattieren, die nur ein Programm aufstellt, ohne zu erläutern, wie es umgesetzt werden könnte. Man kann und muss einzig aufzuzeigen, wie sich die Überbringer dieser Lehre selbst widersprechen und welche Konsequenzen deren konsistente Anwendung haben müsste.

Wenn das Entstehen jeder Idee genauso behandelt würde wie das Entstehen aller anderen Naturereignisse, wäre es nicht länger erlaubt, zwischen wahren und falschen Sätzen zu unterscheiden. Dann wären die Theoreme eines Descartes weder besser noch schlechter als die Stümperei eines schlecht vorbereiteten Studenten bei einer Prüfungsaufgabe. Die materiellen Faktoren können nicht irren. Sie hätten in Descartes das Koordinatensystem hervorgebracht und im Studenten etwas, das sein vom Evangelium des Materialismus nicht erleuchteter Lehrer als Unsinn betrachtet. Doch was berechtigt diesen Lehrer, die Natur zu prüfen und über sie zu richten? Was berechtigt die materialistischen Philosophen, das zu verurteilen, was die materiellen Faktoren in den Körpern der „idealistischen" Philosophen hervorgebracht haben?

Der Hinweis auf die Unterscheidung des Pragmatismus zwischen dem, was funktioniert, und dem, was nicht funktioniert, wäre sinnlos für die Materialisten. Denn diese Unterscheidung führt in die Argumentation einen Faktor ein, der den Naturwissenschaften fremd ist, nämlich die Finalität. Eine Lehre oder ein Satz funktionieren, wenn das dadurch angeleitete Verhalten das angestrebte Ziel erreicht. Doch die Auswahl des Ziels wird durch Ideen bestimmt und ist selbst ein geistiger Akt. Ebenso ist dies das Urteil, ob das gewählte Ziel erreicht wurde oder nicht. Für konsistenten Materialismus ist es unmöglich, zwischen zielgerichtetem Handeln und bloß vegetativem, pflanzengleichem Leben zu unterscheiden.

Die Materialisten denken, dass ihre Lehre bloß die Unterscheidung zwischen moralisch Gutem und Schlechtem ausschließt. Sie übersehen, dass sie auch jede Unterscheidung zwischen dem Wahren und dem Unwahren auslöscht und damit alle geistigen Akte ihrer Bedeutung beraubt. Wenn zwischen den „realen Dingen" der Außenwelt und den geistigen Akten nichts besteht, das als wesentlich verschieden von der Wirkung der von den traditionellen Naturwissenschaften beschriebenen Kräfte angesehen werden könnte, müssen wir diese geistigen Phänomene genauso behandeln, wie wir auf Naturereignisse reagieren. Für eine Lehre, die Gedanken in der selben Beziehung zum Hirn sieht, wie die Galle zur Leber[17], ist es genauso unmöglich, zwischen wahren und falschen Ideen zu unterscheiden, wie sie nicht zwischen wahrer und falscher Galle unterscheiden kann.

17 Karl Vogt: *Köhlerglaube und Wissenschaft*, 2.Aufl., Giessen, 1855, S. 32.

8. DIE ABSURDITÄT JEDER MATERIALISTISCHEN PHILOSOPHIE

Die unüberwindbaren Schwierigkeiten, auf die jede materialistische Interpretation der Realität stößt, können anhand der Analyse der populärsten materialistischen Philosophie gezeigt werden, des marxistisch-dialektischen Materialismus.

Freilich ist das, was dialektischer Materialismus genannt wird, keine echte materialistische Lehre. In ihrem Kontext entspricht der Faktor, der alle Veränderungen in den ideologischen und sozialen Bedingungen der menschlichen Geschichte hervorbringt, den „materiellen Produktivkräften". Weder Marx noch seine Gefolgsleute definierten diesen Begriff. Aus allen von ihnen gebotenen Beispielen muss man schließen, dass sie dabei an die Werkzeuge, Maschinen und anderen Erzeugnisse dachten, die Menschen in ihren Produktionstätigkeiten einsetzen. Doch diese Werkzeuge sind selbst letztlich keine materiellen Dinge, sondern die Produkte eines zielgerichteten geistigen Prozesses.[18] Der Marxismus ist jedenfalls der einzige Versuch, eine materialistische oder quasi-materialistische Lehre über die bloße Artikulation eines metaphysischen Prinzips hinauszuführen und von ihr alle anderen Erscheinungen des menschlichen Geistes abzuleiten. Daher müssen wir uns darauf beziehen, um den grundlegenden Mangel des Materialismus aufzuzeigen.

Nach Marx bringen die materiellen Produktivkräfte – unabhängig vom menschlichen Willen – „Produktionsverhältnisse" hervor, und zwar das Gesellschaftssystem von Eigentumsrechten und dessen „ideologischen Überbau", das heißt die rechtlichen, politischen, religiösen, künstlerischen und philosophischen Ideen.[19] Diese Sichtweise schreibt den materiellen Produktivkräften Handlung und

18 Vgl. Mises: *Theorie und Geschichte*, S. 145 ff.

19 Vgl. Karl Marx: *Zur Kritik der politischen Ökonomie*, Hrsg. v. Kautsky, Stuttgart, 1897, S. x-xii.

Willen zu. Diese würden nach einem bestimmten Ziel streben, nämlich der Befreiung von den Fesseln, die ihre Entwicklung behinderten. Die Menschen würden sich in ihrem Glauben täuschen, selbst zu denken, zu bewerten und zu handeln. Tatsächlich würden die Produktionsverhältnisse, die notwendige Folge der jeweils herrschenden Produktivkräfte, ihre Ideen, Willensregungen und Handlungen bestimmen. Jeder geschichtliche Wandel würde letztlich von Veränderungen der materiellen Produktivkräfte ausgelöst, die – wie Marx implizit annimmt – unabhängig von menschlichem Einfluss wären. Alle menschlichen Ideen wären der entsprechende Überbau der materiellen Produktivkräfte. Diese Kräfte würden schließlich die Errichtung des Sozialismus anstreben – ein Umwandlungsprozess, der „mit der Notwendigkeit eines Naturprozesses" kommen müsse.

Um den Gedanken einmal durchzuspielen, wollen wir den materiellen Produktivkräften zugestehen, stets nach Befreiung von den Fesseln, die ihre Entwicklung beschränken, zu streben. Doch warum sollen aus diesen Bestrebungen notwendigerweise zunächst der Kapitalismus und, auf einer späteren Entwicklungsstufe, der Sozialismus hervorgehen? Denken diese Kräfte über ihre eigenen Probleme nach und kommen letztlich zum Schluss, dass sich die bestehenden Eigentumsverhältnisse von Formen ihrer (der Kräfte) eigenen Entwicklung zu Fesseln[20] gewandelt hätten und daher nicht mehr ihrer (der Kräfte) Entwicklungsstufe „entsprechen" würden?[21] Und beschließen sie auf der Grundlage dieser Einsicht, dass diese Fesseln „gesprengt" werden müssen und setzen sie dann Handlungen, um sie zu sprengen? Bestimmen sie dann, welche neuen Produktionsverhältnisse den Platz der gesprengten einnehmen sollten?

Die Absurdität, den materiellen Produktivkräften solche Denkprozesse und Handlungen zuzuschreiben, ist so

20 Marx: *op. cit.*, S. xi.

21 Marx und Engels: *Das kommunistische Manifest*, I.

offensichtlich, dass Marx selbst seiner berühmten Lehre nur wenig Aufmerksamkeit schenkte, als er später in seinem Hauptwerk *Das Kapital* seine Prognose über das Kommen des Sozialismus konkretisierte. Dort bezieht er sich nicht bloß auf das Handeln seitens der materiellen Produktivkräfte. Er spricht von den proletarischen Massen, die in ihrer Unzufriedenheit über die zunehmende Verarmung, die der Kapitalismus angeblich verursachen würde, den Sozialismus anstreben, eben weil sie diesen als ein wünschenswerteres System betrachten.[22]

Jede Variante materialistischer oder quasi-materialistischer Metaphysik impliziert notwendigerweise die Umwandlung eines unbelebten Faktors in einen Quasi-Menschen, indem diesem die Fähigkeit zugeschrieben wird, zu denken, zu bewerten, Ziele zu wählen und Mittel zur Erreichung der gewählten Ziele einzusetzen. Eine solche Metaphysik überträgt notwendigerweise die spezifisch menschliche Handlungsfähigkeit auf ein nichtmenschliches Wesen, das implizit mit menschlichem Denk- und Urteilsvermögen ausgestattet wird. Es ist unmöglich, eine Analyse des Universums ohne Bezug auf den Verstand anzustellen. Jene, die dies versuchen, ersetzen die Wirklichkeit bloß durch ein selbst erfundenes Phantom.

Aus der Perspektive seines bekundeten Materialismus – und somit aus jeder materialistischen Perspektive – stand es Marx nicht zu, die Lehren seiner Gegner als falsch abzulehnen. Sein Materialismus hätte ihm eine Art teilnahmsloser Anerkennung jeder Meinung auferlegt, die jeder durch einen Menschen vorgebrachten Idee den selben Wert zuschreiben muss. Um einem solchen Widerspruch in sich zu entgehen, berief sich Marx auf seinen Entwurf einer Geschichtsphilosophie. Er gab vor, dank eines besonderen Charismas, das anderen Sterblichen vorenthalten war, eine Offenbarung gehabt zu haben, die ihm den notwendigen und unausweichlichen Gang der Geschichte

22 Marx: *Das Kapital*, 7. Aufl., Hamburg, 1914, Bd. I, Kap. xxiv, S. 728. Für eine kritische Analyse dieser Argumentation Mises: *Theorie und Geschichte*, S. 141 ff.

verraten hätte. Die Geschichte würde zum Sozialismus führen. Die Bedeutung der Geschichte, der Zweck, für den der Mensch geschaffen wurde (wobei nicht gesagt wird, durch wen), wäre die Verwirklichung des Sozialismus. Den Ideen von Menschen, die diese Botschaft nicht erreicht hat und die stur den Glauben daran verweigern, müsste man keinerlei Aufmerksamkeit schenken.

Folgende epistemologische Lehren können daraus gezogen werden: Kein Weltbild, das lehrt, dass bestimmte „reale" oder „äußere" Faktoren ihre eigene Geschichte im menschlichen Verstand schreiben und daher den Verstand zu einem Apparat zu reduzieren versucht, der die „Wirklichkeit" in einer solchen Weise in Ideen umwandelt, wie die Verdauungsorgane Nahrung umwandeln, kann in der Lage sein, zwischen wahr und falsch zu unterscheiden. Der einzige Weg, einen radikalen Skeptizismus zu vermeiden, der Wahrheit nicht von Falschem aussieben kann, besteht in einer Unterscheidung zwischen „guten" Menschen, also solchen, die mit der Fähigkeit ausgestattet sind, in Übereinstimmung mit der mysteriösen, übermenschlichen Macht zu urteilen, die alle Abläufe des Universums steuert, und „schlechten" Menschen, denen diese Fähigkeit fehlt. Ein solcher Materialismus muss jeden Versuch der Meinungsänderung „schlechter" Menschen durch bessere Argumente als hoffnungslos ansehen. Der einzige Weg, den Konflikt zwischen widersprechenden Ideen aufzulösen, ist die Vernichtung der „schlechten" Menschen, also der Träger von Ideen, die sich von denen der „guten" Menschen unterscheiden. Daher bringt der Materialismus letztlich die selben Methoden des Umgangs mit Dissidenten hervor, die Tyrannen immer und überall anwenden.

Durch die Begründung dieser Tatsache liefert die Epistemologie einen Anhaltspunkt für das Verständnis der Zeitgeschichte.

II. HANDELN ALS GRUNDLAGE DES WISSENS

1. MENSCH UND HANDELN

Das charakteristische Merkmal des Menschen ist das Handeln. Der Mensch strebt danach, einige Bedingungen seiner Umgebung zu verändern, um einen Zustand, der ihm besser passt, gegen einen anderen einzutauschen, der ihm weniger passt. Alle Lebensregungen und Verhaltensweisen, in denen sich der Mensch von allen anderen ihm bekannten Wesen und Dingen unterscheidet, sind Handlungen und können nur von einem Standpunkt aus untersucht werden, den wir handlungsbezogen nennen können. Das Studium des Menschen, soweit es nicht Biologie ist, beginnt und endet mit dem Studium menschlichen Handelns.

Handeln ist absichtsvolles Verhalten. Es ist nicht einfach Verhalten, sondern Verhalten, das durch Werturteile hervorgebracht wird, nach bestimmten Zielen strebt und von Ideen geleitet ist, die die Eignung oder Nichteignung bestimmter Mittel betreffen. Es ist unmöglich, sich mit ihm ohne die Kategorien der Kausalität und Finalität zu befassen. Es ist bewusstes Verhalten. Es ist Wählen. Es ist Wollen; es ist ein Ausdruck des Willens.

Handeln wird manchmal als die menschliche Variante des Überlebenskampfes angesehen, der allen Lebewesen gemein ist. Doch der Ausdruck „Überlebenskampf", der auf Tiere und Pflanzen angewendet wird, ist eine Metapher. Es wäre ein Fehler, etwas aus ihrer Verwendung abzuleiten. Bei der Anwendung des literarischen Ausdrucks *Kampf* auf Tiere und Pflanzen würde man ihnen die Macht zuschreiben, sich der Faktoren bewusst zu werden, die ihre Existenz bedrohen, den Willen, ihre eigene Unversehrtheit zu bewahren und die geistige Fähigkeit, Mittel zu ihrer Bewahrung zu finden.

Von einem handlungsbezogenen Standpunkt aus gesehen, ist Erkenntnis ein Werkzeug des Handelns. Seine Funktion ist es, den Menschen dabei zu beraten, wie er in seinem Bestreben, seine Unzufriedenheit zu beseitigen, vorgehen soll. Auf einer höheren Stufe der menschlichen Entwicklung von den Bedingungen der Steinzeit zu denen des Zeitalters des modernen Kapitalismus wird Unzufriedenheit auch durch das bloße Vorherrschen von Unwissenheit über die Natur und die Bedeutung aller Dinge empfunden, gleich ob das Wissen von diesen grundlegenden Dingen für eine technische Planung von praktischem Nutzen ist oder nicht. In einem Universum zu leben, mit dessen letzter und wirklicher Struktur man nicht vertraut ist, weckt in einem selbst ein Gefühl der Angst.

Diese Qual zu beseitigen und den Menschen über die letzten Dinge Gewissheit zu geben, ist seit den frühesten Tagen die Sorge der Religion und der Metaphysik. Später versprachen die Aufklärung und die ihr zugehörigen Schulen, dass die Naturwissenschaften alle damit zusammenhängenden Probleme lösen würden. Auf jeden Fall ist es ein Anliegen vieler Menschen, über den Ursprung und das Wesen der Dinge, die Natur des Menschen und seine Rolle im Universum zu grübeln. Aus diesem Gesichtspunkt betrachtet, ist die reine Suche nach Erkenntnis, die nicht durch den Wunsch geleitet ist, die äußeren Lebensbedingungen zu verbessern, auch Handeln, d.i. ein Bemühen, wünschenswertere Zustände zu erreichen.

Eine andere Frage ist, ob der menschliche Geist zur vollen Lösung der betreffenden Probleme geeignet ist. Es kann argumentiert werden, dass es zwar die biologische Funktion des Verstandes ist, dem Menschen in seinem Überlebenskampf und bei der Beseitigung seiner Unzufriedenheit zu helfen, jeder Schritt über die Grenzen hinaus, die durch diese Funktion gezogen sind, aber zu fantastischen metaphysischen Spekulationen führt, die weder zu beweisen noch zu widerlegen sind. Allwissenheit ist dem Menschen für immer verschlossen. Jede Suche nach Wahrheit muss früher oder später unvermeidlich zu einer letzten Gegebenheit führen.[23]

23 Siehe unten S. 79

Die Kategorie des Handelns ist die grundlegende Kategorie der menschlichen Erkenntnis. Sie beinhaltet alle Kategorien der Logik und die Kategorie von Ordnung und Kausalität. Sie beinhaltet die Kategorie der Zeit und die des Werts. Sie umschließt alle besonderen Lebensregungen des Menschen, die sich von den Regungen seiner physiologischen Struktur unterscheiden, die er mit allen anderen Tieren gemein hat. Beim Handeln sieht sich der Geist des Individuums selbst als verschieden von seiner Umgebung, der äußeren Welt, und versucht seine Umgebung zu studieren, um den Gang der Geschehnisse in ihr zu beeinflussen.

2. FINALITÄT

Was das Feld des menschlichen Handelns von dem der äußeren Geschehnisse unterscheidet, die in den Naturwissenschaften untersucht werden, ist die Kategorie der Finalität. Wir kennen keine finalen Gründe, die in dem wirken, was wir Natur nennen. Aber wir wissen, dass der Mensch nach bestimmten gewählten Zielen strebt. In den Naturwissenschaften suchen wir nach konstanten Beziehungen zwischen verschiedenen Geschehnissen. Bei der Untersuchung des menschlichen Handelns suchen wir nach Zielen, die der Handelnde erreichen will oder wollte, und nach dem Ergebnis, das sein Handeln erbracht hat oder bringen wird.

Die klare Unterscheidung zwischen dem Feld der Realität, über das wir nichts anderes lernen können, als dass es durch eine Ordnung in der Verkettung und Abfolge der Geschehnisse charakterisiert ist, und dem Feld, in dem ein absichtsvolles Streben nach gewählten Zielen vorliegt, ist eine Errungenschaft einer langen Entwicklung. Der Mensch, der selbst ein handelndes Wesen ist, war zuerst geneigt, alle Geschehnisse als Erscheinungen des Handelns von Wesen zu erklären, das sich vom menschlichen Handeln nicht grundlegend unterscheidet. Der Animismus schreibt allen Dingen des Universums die Fähigkeit des Handelns zu. Nachdem die Erfahrung die Menschen dazu bewegte, diesen Glauben fallen zu lassen, wurde noch immer vermutet, dass Gott oder die Natur in einer vom menschlichen Handeln nicht verschiedenen Weise handeln. Die Loslösung von diesem Anthropomorphismus ist eines der erkenntnistheoretischen Fundamente der modernen Naturwissenschaften.

Die positivistische Philosophie, die sich heute auch als wissenschaftliche Philosophie stilisiert, glaubt, dass diese Ablehnung der Finalität durch die Naturwissenschaften die Widerlegung aller theologischen Lehren sowie die der Wissenschaft vom menschlichen Handeln impliziere. Sie gibt vor, dass die Naturwissenschaften alle „Rätsel des Universums" lösen und eine angeblich wissenschaftliche Antwort auf alle Fragen geben können, die die Menschheit quälen.

Doch die Naturwissenschaften trugen nichts zur Klärung solcher Probleme bei, die die Religion zu meistern versucht und sie können auch nichts dazu beitragen. Die Zurückweisung eines naiven Anthropomorphismus, das sich ein höheres Wesen entweder als einen Diktator oder als einen Uhrmacher vorstellte, war eine Errungenschaft der Theologie und der Metaphysik. Über die Lehre, dass Gott gänzlich anders ist als der Mensch und dass sein Wesen und seine Natur vom sterblichen Menschen nicht begriffen werden können, haben die Naturwissenschaften und die von ihnen abgeleitete Philosophie nichts zu sagen. Die Transzendenz ist jenseits der Wirklichkeit, über die Physik und Physiologie Informationen bieten. Die Logik kann den Kern der theologischen Lehren weder beweisen noch widerlegen. Alles, was die Wissenschaft – mit Ausnahme der Geschichtsschreibung – in dieser Hinsicht tun kann, ist die Fehlerhaftigkeit des magischen und fetischistischen Aberglaubens und seiner Praktiken darzustellen.

Mit der Ablehnung der Autonomie der Wissenschaft vom menschlichen Handeln und ihrer Kategorie der finalen Gründe stellt der Positivismus ein metaphysisches Postulat auf, das er mit keinem Befund der experimentellen

Methoden der Naturwissenschaften untermauern kann. Es ist ein nutzloser Zeitvertreib, bei der Beschreibung menschlichen Verhaltens die gleichen Methoden der Naturwissenschaften anzuwenden, wie sie bei der Abhandlung des Verhaltens von Mäusen oder Eisen angewendet werden. Die gleichen äußeren Geschehnisse erzeugen bei verschiedenen Menschen und beim selben Menschen zu unterschiedlichen Zeiten verschiedene Reaktionen. Die Naturwissenschaften sind hilflos angesichts dieser „Unregelmäßigkeit". Ihre Methoden können sich nur mit Geschehnissen befassen, die von einem regelmäßigen Muster regiert werden. Außerdem haben sie keinen Platz für die Konzepte Bedeutung, Bewertung und Ziel.

3. BEWERTUNG

Die Bewertung ist die Gefühlsreaktion des Menschen auf die verschiedenen Zustände der Umgebung, sowohl der äußeren Welt wie auch auf die physiologischen Bedingungen seines eigenen Körpers. Der Mensch unterscheidet zwischen mehr oder weniger wünschenswerten Zuständen, wie die Optimisten es ausdrücken, oder zwischen größeren und kleineren Übeln, wie die Pessimisten lieber sagen. Er handelt, wenn er glaubt, dass Handeln zu einer Ersetzung des weniger wünschenswerten durch den wünschenswerteren Zustand führt.

Die Versuche, die Methoden und die erkenntnistheoretischen Prinzipien der Naturwissenschaften auf die Probleme des menschlichen Handelns anzuwenden, scheitern daran, dass diese Wissenschaften kein Werkzeug haben, um mit dem Bewerten umzugehen. In der Sphäre der Phänomene, die sie studieren, ist kein Platz für absichtsvolles Verhalten. Der Physiker und seine physikalische Forschung sind Entitäten außerhalb der Welt, die er untersucht. Werturteile können nicht mit den Beobachtungsgewohnheiten der Experimentatoren wahrgenommen und nicht mit den Protokollsätzen der Sprache der Physik beschrieben werden. Doch sie sind, auch vom Standpunkt der Naturwissenschaften aus, wirkliche Phänomene, da sie ein notwendiges Glied in der Kette der Geschehnisse sind, die bestimmte physische Phänomene erzeugen.

Der Physiker kann heute über die Lehre lachen, die gewisse Phänomene als Effekt eines *horror vacui* interpretieren. Er erkennt aber nicht, dass die Postulate des Panphysikalismus nicht weniger lächerlich sind. Wenn jeglicher Bezug zu Werturteilen beseitigt wird, ist es unmöglich, etwas über die Handlungen des Menschen auszusagen, d.i. über alles Verhalten, das nicht nur der Vollzug der physiologischen Prozesse ist, die im menschlichen Körper stattfinden.

4. DIE CHIMÄRE DER EINHEITSWISSENSCHAFT

Das Ziel aller Spielarten des Positivismus ist es, die Wissenschaft vom menschlichen Handeln zum Schweigen zu bringen. Es trägt zum Argument nichts bei, die Beiträge des Positivismus zur Erkenntnistheorie der Naturwissenschaften in Hinsicht auf ihre Originalität und ihrer Stimmigkeit zu analysieren. Wir müssen uns auch nicht zu lange mit den Motiven aufhalten, die die leidenschaftlichen Angriffe positivistischer Autoren auf die „unwissenschaftlichen Verfahren“ der Ökonomie und Geschichtsschreibung ansporonen. Sie vertreten bestimmte politische, ökonomische und kulturelle Reformen, die nach ihrem Glauben die Menschheit erretten und die ewige Glückseligkeit einführen werden. Sie können die vernichtende Kritik nicht widerlegen, auf die ihre fantastischen Pläne von Seiten der Ökonomen stoßen und wollen die „dismal science“, die „ungute Wissenschaft“, unterdrücken.

Die Frage, ob der Begriff „Wissenschaft“ nur für die Naturwissenschaften verwendet werden sollte oder auch für die Praxeologie und die Geschichtsschreibung, ist rein sprachlicher Natur, und die Antworten unterscheiden sich mit den Bräuchen der verschiedenen Sprachen. Im Englischen bezieht sich der Ausdruck Wissenschaft für viele Leute nur auf die Naturwissenschaften.[24] Im Deutschen ist es üblich, von *Geschichtswissenschaft* zu sprechen und die verschiedenen Zweige der Geschichte *Wissenschaft* zu nennen, so wie *Literaturwissenschaft, Sprachwissenschaft, Kunstwissenschaft, Kriegswissenschaft.* Man kann das Problem als ein rein sprachliches ausblenden, als eine dümmliche Wortklauberei.

Auguste Comte postulierte eine empirische Wissenschaft der Soziologie, die, nach dem Schema der klassischen Mechanik modelliert, sich mit den Gesetzen der Gesellschaft und gesellschaftlichen Fakten befassen sollte. Die vielen Hunderte und Tausende von Anhängern Comtes nennen sich selbst Soziologen und die Bücher, die sie veröffentlichen, Beiträge zur Soziologie. Tatsächlich befassen sie sich mit verschiedenen bislang mehr oder weniger vernachlässigten Kapiteln der Geschichte und verfahren im Großen und Ganzen nach den wohlerprobten Methoden der historischen und ethnologischen Forschung. Es ist unerheblich, ob sie in den Titeln ihrer Bücher die Zeit erwähnen und das geografische Gebiet, mit denen sie es zu tun haben.

Ihre „empirischen" Studien beziehen sich notwendig immer auf eine bestimmte Geschichtsepoche und beschreiben Phänomene, die im Fluss der Zeit auftreten, sich ändern und verschwinden. Die Methoden der Naturwissenschaften können auf das menschliche Verhalten nicht angewendet werden, weil diesem Verhalten, abgesehen vom durch die aprioristische Wissenschaft der Praxeologie studierten Handeln, die Besonderheit fehlt,

24 R. G. Collingwood: *The Idea of History*, *Oxford*, 1946, S. 249: „Es gibt einen Ausdruck im Slang, nach dem ‚hall' ‚music hall' bedeutet und ‚pictures' ‚bewegte Bilder', und so bedeutet ‚science' ‚Naturwissenschaft'. Aber in der Tradition der europäischen Sprechweise, die sich bis zum heutigen Tag erhalten hat, bedeutet das Wort ‚science' einen organisierten Wissenskörper." Über den Sprachgebrauch des Französischen siehe Lalande: *Vocabulaire technique et critique de la philosophie*, Paris, 1947, 5. Aufl., S. 933–940.

die Geschehnisse auf dem Gebiet der Naturwissenschaften charakterisiert, nämlich Regelmäßigkeit.

Die metaphysischen Ideen, die dem unverhohlen beworbenen Programm der „Vereinten Wissenschaften" zugrunde liegen, die in der *International Encyclopedia of Unified Science*, der heiligen Schrift des logischen Positivismus, Panphysikalismus und dem intoleranten Empirismus erläutert werden, können in keiner Weise durch eine eingehende Untersuchung bestätigt oder widerlegt werden. Paradoxerweise fordern diese Lehren, die als radikale Zurückweisung der Geschichtswissenschaft begannen, von uns, alle Geschehnisse als Teil des Fachgebiets einer umfassenden kosmischen Geschichte anzusehen. Was wir über natürliche Geschehnisse wissen, beispielsweise über das Verhalten von Natrium und Hebeln, ist, wie sie sagen, nur gültig für die Periode der kosmischen Zusammenballung, in der wir selbst und frühere Generationen von Wissenschaftlern lebten. Es gebe überhaupt keinen Grund dafür, chemischen und physikalischen Feststellungen „irgendeine Art von Universalität" zuzuschreiben, anstatt sie als historisch anzusehen.[25] Von diesem Standpunkt aus werden die Naturwissenschaften zu einem bloßen Kapitel der kosmischen Geschichte. Es gibt keinen Konflikt zwischen Physikalismus und kosmischer Geschichte.

Wir müssen zugeben, nichts über die Bedingungen einer Periode der kosmischen Geschichte zu wissen, für die die Feststellungen dessen, was wir in unserer Periode die Naturwissenschaften nennen, nicht länger gültig sind. Wenn wir über Wissenschaft und Erkenntnis sprechen, haben wir nur die Bedingungen im Sinn, die uns unser Leben, Denken und Handeln erlauben zu untersuchen. Was über die Bedingungen dieses – vielleicht zeitlich beschränkten – Stadiums hinausgeht, ist für uns eine unbekannte und unerkennbare Region. In diesem Abschnitt des Universums, der unserem suchenden Geist zugänglich

25 Otto Neurath: *Foundations of the Social Sciences, International Encyclopedia of Unified Science*, Vol. II, No. 1; 3rd impression; University of Chicago Press, 1952, S. 9.

ist, herrscht ein Dualismus in der Abfolge und Verkettung der Geschehnisse vor. Es gibt einerseits das Gebiet äußerer Geschehnisse, über die wir nur lernen können, dass dort wechselseitige konstante Beziehungen unter ihnen herrschen, und andererseits das Gebiet des menschlichen Handelns, über das wir nichts lernen können, ohne auf die Kategorie der Finalität zurückzugreifen. Alle Bemühungen, diesen Dualismus auszuklammern, werden von einer willkürlichen metaphysischen Voreingenommenheit geleitet, erzeugen nur Unsinn und sind nutzlos für das praktische Handeln.

Der Unterschied, der in unserer Umgebung zwischen dem Verhalten von Natrium und dem eines Autors besteht, der sich in seinen Schriften mit Natrium befasst, kann durch keinen Hinweis auf die Möglichkeit zukünftiger Perioden der kosmischen Geschichte, über deren Bedingungen wir nichts wissen, weggewischt werden. All unsere Erkenntnis muss den Tatbestand ins Auge fassen, dass wir bei Natrium nichts von finalen Gründen wissen, die sein Verhalten lenken, während wir wissen, dass der Mensch, beispielsweise beim Schreiben eines Essays über Natrium, nach bestimmten Zielen strebt. Die Bestrebungen des Behaviorismus (oder der „Behavioristen“[26]) menschliches Handeln nach dem Reiz-Reaktions-Schema zu beschreiben, sind jämmerlich gescheitert. Es ist unmöglich, menschliches Handeln zu beschreiben, wenn man nicht die Bedeutung in Betracht zieht, die der Handelnde in dem Reiz sieht wie auch in dem Ziel, auf das seine Reaktion gerichtet ist.

Wir kennen auch das Ziel, das die Anhänger all dieser Launen, die heute unter dem Namen einer Vereinigten Wissenschaft vorgetragen werden, antreibt. Sie möchten mit ihren Mitmenschen in der Weise umspringen, wie es ein Ingenieur mit dem Material tut, aus dem er Häuser, Brücken und Maschinen baut. Sie wollen an die Stelle des Handelns ihrer Mitbürger die Sozialtechnik setzen und

26 Ebd. S. 17.

ihren alles umfassenden Plan an die Stelle der Pläne aller anderen Leute. Sie sehen sich selbst in der Rolle des Diktators – des *Duce*, des *Führers*, des Zaren der Produktion – in dessen Händen alle anderen Exemplare der Menschheit nur Spielfiguren sind. Wenn sie von der *Gesellschaft* als eines handelnden Agenten sprechen, meinen sie sich selbst. Wenn sie sagen, dass bewusstes Handeln der Gesellschaft an die Stelle der vorherrschenden Anarchie des Individualismus treten muss, dann meinen sie allein ihr eigenes Bewusstsein und nicht das von jemand anderem.

5. DIE BEIDEN ZWEIGE DER WISSENSCHAFT DES MENSCHLICHEN HANDELNS

Es gibt zwei Zweige der Wissenschaft des menschlichen Handelns, einerseits die Praxeologie, andererseits die Geschichtsschreibung.

Die Praxeologie ist aprioristisch. Sie beginnt mit der aprioristischen Kategorie des Handelns und entwickelt aus ihr alles, was sie enthält. Aus praktischen Gründen zollt sie in der Regel solchen Problemen nicht viel Aufmerksamkeit, die für das Studium der Wirklichkeit des menschlichen Handelns nicht nützlich sind, vielmehr beschränkt sie ihre Arbeit auf solche Probleme, die für die Erhellung dessen notwendig sind, was wirklich vor sich geht. Ihre Intention ist es, sich mit den Handlungen zu befassen, die sich unter Bedingungen abspielen, denen sich der handelnde Mensch stellen muss. Das ändert nichts am rein aprioristischen Charakter der Praxeologie. Sie umschreibt das Gebiet, dass der einzelne Praxeologe gewöhnlich für seine Arbeit wählt. Sie bezieht sich auf Erfahrung nur, um solche Probleme, die für das Studium des Menschen, wie er wirklich ist und handelt, von Interesse sind, von anderen Problemen zu trennen, die nur von akademischem Interesse sind.

Die Antwort auf die Frage, ob ein bestimmter Lehrsatz der Praxeologie auf ein bestimmtes Problem des Handelns zutrifft, hängt davon ab, ob die besonderen Annahmen, die diesen Lehrsatz charakterisieren, für die Erkenntnis der Wirklichkeit von Wert sind oder nicht. Sie hängt sicherlich nicht von der Antwort auf die Frage ab, ob diese Feststellungen mit dem wirklichen Zustand der Dinge übereinstimmen, die der Praxeologe untersuchen möchte.

Die erdachten Konstruktionen, die das Hauptwerkzeug oder, wie manche eher sagen würden, das einzige geistige Werkzeug der Praxeologie sind, beschreiben Bedingungen, die in der Wirklichkeit des Handelns niemals gegenwärtig sein können. Sie sind jedoch unverzichtbar für die Erhellung dessen, was in dieser Wirklichkeit vor sich geht. Selbst die engstirnigsten Verfechter einer empiristischen Interpretation der Methoden der Ökonomik verwenden die imaginäre Konstruktion eines allgemeinen Gleichgewichtsmodells, obwohl ein solcher Zustand der menschlichen Angelegenheiten niemals verwirklicht werden kann.[27]

Der Spur von Kants Analysen folgend werfen Philosophen die Frage auf: Wie kann sich der menschliche Geist mittels aprioristischen Denkens mit der Wirklichkeit der äußeren Welt befassen? Soweit es die Praxeologie betrifft, ist die Antwort offensichtlich. Sowohl das aprioristische Denken und Schlussfolgern als auch das menschliche Handeln sind Ausdruck des menschlichen Geistes. Die logische Struktur des menschlichen Geistes schafft die Wirklichkeit des Handelns. Vernunft und Handeln sind gleichartig und einheitlich, sind zwei Aspekte desselben Phänomens. In diesem Sinne können wir auf die Praxeologie das Diktum des Empedokles anwenden γνώσις τού όμοίου τώ όμοίω [die Erkenntnis von Ähnlichem durch Ähnliches].

Einige Autoren haben die ziemlich oberflächliche Frage aufgeworfen, wie ein Praxeologe auf eine Erfahrung reagieren würde, die den Lehrsätzen seiner aprioristischen Lehre widerspricht. Die Antwort ist: In der gleichen Weise wie ein Mathematiker auf die „Erfahrung" reagieren wird, dass es keinen Unterschied zwischen zwei Äpfeln und sieben

27 Mises: *Human Action*, S. 237 ff.

Äpfeln gibt oder ein Logiker auf die „Erfahrung", dass *A* und Nicht-*A* identisch sind. Die Erfahrung hinsichtlich menschlichen Handelns setzt die Kategorie des menschlichen Handelns voraus und alles, was aus ihr abgeleitet wird. Wenn sich jemand nicht auf das System der aprioristischen Praxeologie beziehen möchte, darf er nicht und kann er nicht über das Handeln sprechen, sondern nur über Geschehnisse, die in den Ausdrücken der Naturwissenschaft zu beschreiben sind.

Das Gewahrwerden der Probleme, für die die Wissenschaft des menschlichen Handelns zuständig ist, hängt von der Vertrautheit mit den aprioristischen Kategorien der Praxeologie ab. Im Übrigen ist auch anzumerken, dass jede Erfahrung auf dem Gebiet des menschlichen Handelns eine speziell historische Erfahrung ist, d.i. eine Erfahrung von komplexen Phänomenen, die niemals einen Lehrsatz in der Weise falsifizieren können, wie ein Laborexperiment eine Aussagen der Naturwissenschaften falsifizieren kann.

Bis heute ist der einzige Teil, der zu einem wissenschaftlichen System entwickelt wurde, die Ökonomik. Ein polnischer Philosoph, Tadeusz Kotarbinski, versucht, einen neuen Zweig der Praxeologie zu entwickeln, die praxeologische Theorie des Konflikts und des Krieges im Gegensatz zur Theorie der Zusammenarbeit oder Ökonomik.[28]

Der andere Zweig der Wissenschaft des menschlichen Handelns ist die Geschichte. Sie umfasst die Gesamtheit dessen, was beim menschlichen Handeln erfahren wird. Es ist eine methodisch angeordnete Aufzeichnung menschlichen Handelns, die Beschreibung der Phänomene im Moment ihres Geschehens, nämlich in der Vergangenheit. Die Beschreibungen der Geschichte unterscheiden sich von denen der Naturwissenschaften darin, dass sie

28 T. Kotarbinski: „Considerations sur la theorie générale de la lutte", Anhang zu *Z Zagadnien Ogolnej Teorii Walki,* Warschau, 1938, S. 65–92; derselbe: „Idée de la methodologie générale praxeologie", *Travaux du IXe Congres International de Philosophie,* Paris, 1937, IV, 190–194. Die Spieltheorie hat gar keinen Bezug zur Theorie des Handelns. Natürlich ist Spielen Handeln, aber das ist auch Zigarette rauchen oder ein Sandwich mampfen. Siehe unten S. 123 ff.

nicht im Lichte der Kategorie der Regelmäßigkeit interpretiert werden. Indem der Physiker sagt: wenn *A* auf *B* trifft, folgt *C*, will er – was auch immer die Philosophen sagen mögen – versichern, dass *C* auftreten wird, wann immer und wo immer *A* unter gleichen Bedingungen auf *B* trifft. Wenn der Historiker über die Schlacht von Cannae spricht, weiß er, dass er über die Vergangenheit spricht, und dass diese besondere Schlacht niemals wieder geschlagen werden wird.

Erfahrung ist eine einheitliche geistige Aktivität. Es gibt keine zwei Zweige der Erfahrung, von denen der eine auf die Naturwissenschaften, der andere auf die historische Forschung zurückgreift. Jeder Erfahrungsakt ist die Beschreibung des Geschehens in den Ausdrücken der logischen und praxeologischen Ausstattung des Beobachters und seines naturwissenschaftlichen Wissens. Es ist die Geisteshaltung des Beobachters, die die Erfahrung interpretiert, indem sie sie dem bereits vorher bekannten Wissensvorrat hinzufügt. Was die Erfahrung des Historikers von der des Naturforschers und des Physikers unterscheidet, ist, dass er nach der Bedeutung sucht, die das Geschehnis für diejenigen hatte oder hat, die entweder maßgeblich an ihm mitgewirkt haben oder durch dessen Eintreten betroffen waren.

Die Naturwissenschaften wissen nichts über finale Gründe. Für die Praxeologie ist die Finalität eine fundamentale Kategorie. Aber die Praxeologie abstrahiert von den konkreten Inhalten der Ziele, nach denen Menschen streben. Es ist die Geschichtswissenschaft, die sich mit konkreten Zielen befasst. Denn für die Geschichtswissenschaft ist die Hauptfrage: Was war für die Handelnden die Bedeutung der Situation, in der sie sich befanden, was war die Bedeutung ihrer Reaktion und schließlich, was war das Ergebnis dieser Handlungen? Die Autonomie der Geschichtswissenschaft oder, wie wir auch sagen können, der verschiedenen historischen Disziplinen beruht in ihrer Hingabe an das Studium von Bedeutungen.

Es ist vielleicht nicht unnötig, immer wieder hervorzuheben, dass, wenn Historiker von „Bedeutung“ sprechen, sie die Bedeutung meinen, die die einzelnen Menschen – die Handelnden selbst und jene, die durch ihre Handlungen betroffen werden oder die Historiker – in den Handlungen sehen. Die Geschichte als solche hat nichts gemein mit dem Standpunkt der Geschichtsphilosophie, die behauptet, die Bedeutung zu kennen, die Gott oder ein Quasi-Gott – wie etwa die materiellen Produktivkräfte im Schema von Marx – den verschiedenen Geschehnissen gibt.

6. DER LOGISCHE CHARAKTER DER PRAXEOLOGIE

Die Praxeologie ist aprioristisch. Alle Lehrsätze sind Ergebnisse deduktiver Schlussfolgerungen, die von der Kategorie des Handelns ausgehen. Die Frage, ob die Urteile der Praxeologie als analytisch oder synthetisch bezeichnet werden sollen und ob ihr Verfahren als „bloß“ tautologisch qualifiziert werden kann, ist nur von sprachlichem Interesse.

Was die Praxeologie im Hinblick auf das menschliche Handeln behauptet, ist ohne jede Ausnahme für jedes Handeln gültig. Es gibt Handeln und Abwesenheit des Handelns, aber es gibt nichts dazwischen. Jedes Handeln ist ein Versuch, einen Zustand der Dinge durch einen anderen auszutauschen, und alles, was die Praxeologie im Hinblick auf den Tausch behauptet, bezieht sich streng hierauf. Im Umgang mit jedem Handeln begegnen wir den grundlegenden Konzepten Ziel und Mittel, Erfolg und Misserfolg, Gewinn und Verlust, sowie Kosten. Ein Austausch kann entweder direkt oder indirekt, d.i. durch die Zwischenschaltung eines vermittelnden Zustands bewirkt, sein. Ob eine bestimmte Handlung indirekter Tausch war, muss durch die Erfahrung bestimmt werden. Aber wenn es ein indirekter Tausch war, muss alles, was die Praxeologie über den indirekten Tausch im Allgemeinen aussagt, streng darauf angewendet werden.

Jeder Lehrsatz der Praxeologie ist durch logisches Schlussfolgern aus der Kategorie des Handelns abgeleitet und gewinnt daher jene apodiktische Gewissheit, die logische Schlussfolgerungen verschaffen, die bei einer aprioristischen Kategorie beginnen.

In die Kette der praxeologischen Argumente fügt der Praxeologe gewisse Annahmen ein, die die Umgebung betreffen, in der die Handlung ausgeführt wird. Dann versucht er herauszufinden, wie diese besonderen Bedingungen das Ergebnis beeinflussen, zu dem seine Schlüsse führen müssen. Die Frage, ob die wirklichen Bedingungen der äußeren Welt mit diesen Annahmen übereinstimmen oder nicht, muss durch die Erfahrung beantwortet werden. Aber, wenn die Antwort positiv ist, beschreiben alle Schlussfolgerungen, die auf logisch korrekte praxeologische Weise gezogen wurden, das, was in der Wirklichkeit vor sich geht.

7. DER LOGISCHE CHARAKTER DER GESCHICHTSWISSENSCHAFT

Im weitesten Sinn des Ausdrucks ist Geschichte die Gesamtheit der menschlichen Erfahrung. Geschichte ist Erfahrung, und alle Erfahrung ist historisch. Die Geschichte umfasst auch alle Erfahrung der Naturwissenschaften. Was die Naturwissenschaften als solche kennzeichnet, ist der Tatbestand, dass sie sich dem Material der Erfahrung mit der Kategorie der strengen Regelmäßigkeit in der Abfolge der Geschehnisse annähern. Geschichte im engeren Sinn des Begriffs, d.i. die Gesamtheit der Erfahrung menschlichen Handelns, darf sich nicht auf diese Kategorie stützen und tut es auch nicht. Dies unterscheidet sie erkenntnistheoretisch von den Naturwissenschaften.

Erfahrung ist immer Erfahrung der Vergangenheit. Erfahrung und Geschichte liegen nie in der Zukunft. Diese Binsenweisheit müsste nicht wiederholt werden, wenn es nicht das Problem der Prognosen der Statistiker gäbe, über die später etwas zu sagen ist.[29]

Geschichte ist die Aufzeichnung menschlicher Handlungen. Sie stellt den Tatbestand fest, dass Menschen, inspiriert von bestimmten Ideen, bestimmte Werturteile fällten, bestimmte Ziele wählten und zu bestimmten Mitteln griffen, um die gewählten Ziele zu erreichen, und sie befasst sich weiterhin mit den Folgen ihrer Handlungen, mit der Lage der Dinge, die durch diese hervorgebracht wird.

Was die Wissenschaften des menschlichen Handelns von den Naturwissenschaften unterscheidet, sind nicht die untersuchten Geschehnisse, sondern die Art, wie sie betrachtet werden. Das gleiche Geschehnis erscheint anders, wenn es im Lichte der Geschichte oder wenn es im Lichte der Physik oder Biologie gesehen wird. Was den Historiker an einem Mordfall oder an einem Feuer interessiert, ist nicht das, was den Physiker oder den Chemiker interessiert, wenn sie nicht als Experten für einen Gerichtshof handeln. Für den Historiker zählen die Geschehnisse der äußeren Welt, die durch die Naturwissenschaften studiert werden, nur insoweit sie menschliches Handeln berühren oder durch es erzeugt werden.

Die apriorische Annahme in der Geschichtswissenschaft wird Individualität genannt. Wenn der Historiker den Punkt erreicht, über den er nicht hinausgehen kann, bezieht er sich auf die Individualität. Er „erklärt" ein Geschehnis – den Ursprung einer Idee oder die Ausführung einer Handlung – indem er es bis zur Handlung eines Menschen oder einer Menge von Menschen zurückverfolgt. Hier erblickt er die Schranke, die die Naturwissenschaften an der Beschäftigung mit den Handlungen der Menschen hindert, nämlich unsere Unfähigkeit herauszufinden, wie bestimmte äußere Geschehnisse im Geist des Menschen bestimmte Reaktionen – Ideen und Willensäußerungen – erzeugen.

29 Siehe unten S. 98.

Es wurden vergebliche Anstrengungen unternommen, das menschliche Handeln auf Faktoren zurückzuführen, die mit den Methoden der Naturwissenschaften beschrieben werden können. Hunger und Sex wurden zu den vorherrschenden oder sogar zu den einzigen Quellen des menschlichen Handelns erklärt, wobei der Tatbestand hervorgehoben wurde, dass der Trieb, sein Leben zu erhalten und die eigene Art zu vermehren, jedem Lebewesen angeboren ist. Jedoch kann man nicht leugnen, dass es beträchtliche Unterschiede gibt in der Art, wie diese biologischen Triebe das Verhalten des Menschen und das der nicht-menschlichen Wesen berühren, und dass der Mensch, außer dem Streben nach Befriedigung seiner tierischen Impulse auch darauf aus ist, andere Ziele zu erreichen, die spezifisch menschliche sind, und daher gewöhnlich als höhere Ziele bezeichnet werden. Dass die physiologische Struktur des menschlichen Körpers – vor allem der Appetit des Bauches und der Geschlechtsdrüsen – die Entscheidungen des handelnden Menschen beeinflusst, wurde von den Historikern niemals vergessen. Am Ende ist der Mensch ein Tier. Aber er ist ein handelndes Tier; er wählt zwischen widerstreitenden Zielen. Genau das ist das Thema von Praxeologie und Geschichte.

8. DIE THYMOLOGISCHE METHODE

Die Umgebung, in der der Mensch handelt, wird durch natürliche Geschehnisse einerseits und durch menschliches Handeln andererseits geformt. Die Zukunft, für die er plant, wird mitbestimmt durch die Handlungen von Menschen, die wie er planen und handeln. Wenn er erfolgreich sein will, muss er ihr Verhalten vorhersehen.

Die Ungewissheit der Zukunft wird nicht nur durch die Unsicherheit der zukünftigen Handlungen der anderen Menschen verursacht, sondern auch durch seine ungenügende Kenntnis über die natürlichen Geschehnisse, die beim Handeln wichtig sind. Die Meteorologie liefert einige

Informationen über die Faktoren, die die atmosphärischen Bedingungen bestimmen; aber dieses Wissen befähigt den Experten bestenfalls, das Wetter mit einiger Wahrscheinlichkeit für einige Tage vorauszusagen, nie für längere Perioden. Es gibt andere Gebiete, in der die Voraussicht des Menschen sogar noch begrenzter ist. Der Mensch kann mit diesen unzureichend bekannten Bedingungen nur umgehen, indem er das, was die Naturwissenschaften ihm liefern, verwendet, sei es auch noch so dürftig.

Radikal anders als die bei der Behandlung der natürlichen Geschehnisse angewendeten Methoden sind diejenigen, die vom Menschen bei der Voraussicht des Verhaltens seiner Mitmenschen angewendet werden. Die Philosophie und die Wissenschaft schenkten diesen Methoden lange Zeit keine Beachtung. Sie wurden als unwissenschaftlich betrachtet und für ernsthafte Denker nicht der Beachtung wert. Als die Philosophen begannen, sich damit zu befassen, nannten sie sie psychologisch. Aber dieser Ausdruck wurde ungeeignet, als die Techniken der experimentellen Psychologie entwickelt wurden, und alles, was frühere Generationen Psychologie genannt hatten, entweder pauschal als unwissenschaftlich abgelehnt oder einer Klasse von Bestrebungen zugerechnet wurde, die verächtlich als „reine Literatur“ oder „literarische Psychologie“ bezeichnet wurde. Die Anhänger der experimentellen Psychologie waren zuversichtlich, dass eines Tages ihre Laborexperimente eine wissenschaftliche Lösung aller Probleme liefern würden, über die, wie sie sagten, die traditionelle Wissenschaft des menschlichen Verhaltens nur kindisches oder metaphysisches Zeug schwatzt.

Tatsächlich hat die experimentelle Psychologie nichts zu den Problemen beizutragen, die die Leute im Sinn haben, wenn sie die Psychologie im Hinblick auf ihre Handlungen und die ihrer Mitmenschen meinen. Das erste und zentrale Problem der „literarischen Psychologie“ ist Bedeutung, etwas, was über die Schranken jeder Naturwissenschaft und jeder Laboruntersuchungen hinausgeht. Während die experimentelle Psychologie ein Zweig der

Naturwissenschaften ist, befasst sich die „literarische Psychologie“ mit dem menschlichen Handeln, beispielsweise mit den Ideen, Werturteilen und Willensbekundungen, die das Handeln bestimmen. Da der Ausdruck „literarische Psychologie“ ziemlich sperrig ist und keine Bildung von entsprechenden Adjektiven erlaubt, habe ich vorgeschlagen ihn durch den Ausdruck Thymologie zu ersetzen.[30]

Thymologie ist ein Zweig der Geschichtswissenschaft oder, wie Collingwood es formulierte, sie gehört in die „Sphäre der Geschichte“.[31] Sie befasst sich mit den geistigen Aktivitäten des Menschen, die ihre Handlungen bestimmen. Sie befasst sich mit den geistigen Prozessen, die eine bestimmte Art des Verhaltens bewirken, mit den Reaktionen des Verstandes auf die Bedingungen der Umgebung der Individuen. Sie befasst sich mit etwas Unsichtbarem und Unberührbarem, das mit den Methoden der Naturwissenschaften nicht wahrgenommen werden kann. Aber die Naturwissenschaften müssen zugeben, dass dieser Faktor auch von ihrem Standpunkt aus als etwas Wirkliches betrachtet werden muss, da er ein Verbindungsglied in der Kette der Geschehnisse ist, die zu Veränderungen in der

30 Mises: *Theorie und Geschichte*, S. 271 ff.

31 Als H. Taine im Jahre 1863 schrieb: „L'histoire au fond est un problème de psychologie“ (*Histoire de la litérature anglaise*, 10. Aufl.; Paris, 1899, Vol. I, Introduction, S. xiv), erkannte er nicht, dass die Art von Psychologie, die er im Sinn hatte, nicht die Naturwissenschaft war, die experimentelle Psychologie genannt wird, sondern eine Art von Psychologie, die wir Thymologie nennen und dass Thymologie selbst eine historische Disziplin ist, eine Geisteswissenschaft in der Terminologie von W. Dilthey (*Einleitung in die Geisteswissenschaften*, Leipzig, 1883). R. G. Collingwood (*The Idea of History*, Oxford, 1946, S. 221) unterscheidet zwischen „historischem Denken“, das „den Menschen auf bestimmte Weise in bestimmten Situationen handelnd studiert“ und einer Problematik anderer Art, den Geist zu studieren, beispielsweise durch „Untersuchung seiner allgemeinen Charakteristika in Abstraktion von irgendeiner besonderen Situation oder besonderen Handlung“. Letzteres wäre keine „Geschichte, sondern die Wissenschaft des Geistes, der Psychologie oder die Philosophie des Geistes.“ Solch „eine positive Wissenschaft des Geistes, die sich über die Sphäre der Geschichte erhebt, und andauernde und unveränderliche Gesetze der menschlichen Natur aufstellt“, hebt er hervor (S. 224), ist „möglich nur, wenn jemand die vorübergehenden Bedingungen einer bestimmten historischen Zeit mit den andauernden Bedingungen des menschlichen Lebens verwechselt.“

Sphäre führen, deren Beschreibung sie als das spezifische Gebiet ihrer Studien betrachten.

Bei der Zergliederung und Zerlegung der Ansprüche von Comtes Positivismus erarbeitete eine Gruppe von Philosophen und Historiker, die als die *südwestdeutsche Schule* bekannt ist, die Kategorie des *Verstehens*[32], die schon in einer weniger expliziten Weise älteren Autoren vertraut war. Dieses Verstehen der Wissenschaft vom menschlichen Handeln beruht auf der Tatsache, dass die Menschen dem Zustand ihrer Umgebung eine bestimmte Bedeutung beimessen, dass sie diesen Zustand bewerten und, durch diese Werturteile motiviert, zu bestimmten Mitteln greifen, um einen bestimmten Zustand zu bewahren oder zu erreichen, der anders ist als der, der vorliegen würde, wenn sie auf jede absichtsvolle Reaktion verzichten würden. Das Verstehen befasst sich mit Werturteilen, der Wahl von Zielen und der Bewertung der Folgen der ausgeführten Handlungen.

Die Methoden der wissenschaftlichen Untersuchung sind kategorial nicht von den Verfahren verschieden, die jeder in seinem banalen Alltagsverhalten anwendet. Sie sind nur mehr verfeinert und so weit wie möglich gereinigt von Inkonsistenzen und Widersprüchen. Verstehen ist kein spezielles Verfahren nur für Historiker. Es wird von Kindern angewendet, sobald sie aus dem rein vegetativen Stadium ihrer ersten Tage und Wochen herausgewachsen sind. Es gibt keine bewusste Reaktion des Menschen auf einen Reiz, der nicht durch das Verstehen geleitet ist.

Verstehen setzt die logische Struktur des menschlichen Geistes mit all den aprioristischen Kategorien voraus und impliziert sie. Das biogenetische Gesetz stellt die Ontogenese des Individuums als abgekürzten Durchlauf der Phylogenese der Spezies dar. In analoger Weise kann man die Veränderung der intellektuellen Struktur beschreiben. Das Kind rekapituliert in seiner postnatalen Entwicklung

32 Im Original deutsch.

die Geschichte der intellektuellen Evolution der Menschheit.[33] Der Säugling wird thymologisch menschlich, wenn er zaghaft in seinem Geist zu ahnen beginnt, dass ein erwünschtes Ziel durch ein bestimmtes Verhalten erreicht werden kann. Die nicht-humanen Tiere entwickeln sich niemals über die instinktiven Triebe und konditionierten Reflexe hinaus.

Das Konzept des Verstehens wurde zuerst durch Philosophen und Historiker ausgearbeitet, die die positivistische Geringschätzung der Methoden der Geschichtswissenschaft widerlegen wollten. Das erklärt, warum es ursprünglich nur als geistiges Werkzeug zum Studium der Vergangenheit behandelt wurde. Aber die Dienste, die das Verstehen dem Menschen leistet, indem es ein Licht auf die Vergangenheit wirft, sind nur ein vorläufiges Stadium in den Bestrebungen, das, was sich in der Zukunft ereignen wird, vorauszusehen. Von einem praktischen Standpunkt aus erscheint der Mensch nur an der Vergangenheit interessiert zu sein, damit er fähig ist, für die Zukunft vorzusorgen.

Die Naturwissenschaften befassen sich mit Erfahrung – die notwendig immer die Aufzeichnung dessen ist, was in der Vergangenheit geschah –, weil die Kategorien der Regelmäßigkeit und Kausalität solche Studien nützlich für die Ausführung technologischer Handlungen machen, die unvermeidlich immer auf die Änderung zukünftiger Bedingungen zielen. Das Verständnis der Vergangenheit leistet einen ähnlichen Dienst dabei, das Handeln so erfolgreich wie möglich zu machen. Das Verstehen zielt auf die Voraussicht zukünftiger Bedingungen, so weit sie von menschlichen Ideen abhängen, von Wertungen und Handlungen. Es gibt, außer für Robinson Crusoe, bevor er Freitag traf, kein Handeln, das geplant und durchgeführt werden kann, ohne dem volle Beachtung

33 *Language, Thought and Culture*, hrsg. von Paul Henle, University of Michigan Press, 1958, S. 48. Natürlich ist die Analogie nicht vollständig, da die überwältigende Mehrheit in ihrer kulturellen Entwicklung stehen bleibt, bevor sie die thymologischen Höhen ihres Zeitalters erreicht hat.

zu schenken, was die Mitmenschen des Handelnden tun werden. Handeln beinhaltet das Verstehen der Reaktionen anderer Menschen.

Die Voraussage von Geschehnissen in der Sphäre, die von den Naturwissenschaften erforscht wird, fußt auf den Kategorien der Regelmäßigkeit und Kausalität. Es gibt in einigen Nebenstraßen Brücken, die zusammenbrechen würden, wenn ein Lastwagen mit zehn Tonnen über sie fahren würde. Wir erwarten nicht, dass eine solche Last die George-Washington-Brücke zusammenbrechen lassen würde. Wir vertrauen fest in die Kategorien, die die Grundlagen unseres physikalischen und chemischen Wissens sind.

Bei der Befassung mit den Reaktionen unserer Mitmenschen können wir uns nicht auf eine solche Regelmäßigkeit stützen. Wir nehmen an, dass das zukünftige Verhalten der Leute im Großen und Ganzen, wenn alle anderen Dinge gleich bleiben, nicht ohne besonderen Grund von dem der Vergangenheit abweichen wird, weil wir annehmen, dass das, was ihr vergangenes Verhalten bestimmt hat, auch ihr zukünftiges bestimmen wird. So verschieden von den anderen Leuten wir uns selbst auch wissen, wir versuchen zu erraten, wie sie auf die Veränderungen in ihrer Umgebung reagieren werden. Aus dem, was wir über das vergangene Verhalten eines Menschen wissen, konstruieren wir ein Schema über das, was wir ihren Charakter nennen. Wir nehmen an, dass dieser Charakter sich nicht ändern wird, wenn nicht bestimmte Gründe eintreten, und einen Schritt weitergehend versuchen wir sogar vorherzusagen, wie bestimmte Änderungen der Situation seine Reaktionen beeinflussen werden.

Verglichen mit der scheinbar absoluten Gewissheit, die durch einige Naturwissenschaften erzielt wird, erscheinen diese Annahmen und alle Schlüsse, die daraus gezogen werden, ziemlich wackelig; die Positivisten mögen sie als unwissenschaftlich lächerlich machen. Sie sind jedoch der einzige verfügbare Zugriff auf die betreffenden Probleme und unverzichtbar für jedes Handeln, das in der gesellschaftlichen Umgebung ausgeführt wird.

Das Verstehen befasst sich nicht mit der praxeologischen Seite des menschlichen Handelns. Es bezieht sich auf die Werturteile und die Wahl der Ziele und Mittel seitens unserer Mitmenschen. Es bezieht sich nicht auf das Gebiet der Praxeologie und der Ökonomik, sondern auf das Gebiet der Geschichte. Es ist eine thymologische Kategorie. Ihr konkreter Inhalt wird bei jeder Gelegenheit aus der geschichtlichen Erfahrung abgeleitet. Keine Handlung kann geplant und ausgeführt werden ohne Verständnis der Zukunft. Sogar die Handlung eines isolierten Einzelnen wird durch bestimmte Annahmen über die zukünftigen Werturteile des Handelnden geleitet und ist insoweit bestimmt durch das Bild, das der Handelnde von seinem eigenen Charakter hat.

Der Ausdruck „spekulieren" wurde ursprünglich verwendet, um jede Art von Nachdenken und Meinungsbildung zu bezeichnen. Heute wird er mit einer verächtlichen Konnotation verwendet, um solche Menschen zu schmähen, die sich in der kapitalistischen Marktwirtschaft dadurch auszeichnen, dass sie die zukünftigen Reaktionen ihrer Mitmenschen besser als der Durchschnitt vorhersehen. Die Begründung dieser semantischen Verwendung liegt in der Unfähigkeit kurzsichtigenr Leute, die Ungewissheit der Zukunft zu erkennen. Diese Leute erkennen nicht, dass alle produktiven Aktivitäten darauf zielen, die dringendsten zukünftigen Bedürfnisse zu befriedigen und dass es heute keine Gewissheit über die zukünftigen Bedingungen geben kann. Sie sind sich der Tatsache nicht bewusst, dass es ein qualitatives Problem bei der Zukunftsvorsorge gibt. In allen Schriften der sozialistischen Autoren gibt es nicht den leisesten Hinweis auf den Tatbestand, dass es eines der Hauptprobleme der Produktionsleitung ist, die *zukünftige* Nachfrage der Konsumenten vorherzusehen.

Jedes Handeln ist Spekulation, d.h. geleitet von einer bestimmten Meinung über die ungewissen Bedingungen der Zukunft. Sogar bei kurzfristigen Handlungen herrscht Ungewissheit vor. Niemand kann wissen, ob nicht einige unerwartete Fakten alles zunichte machen werden, was jemand für den nächsten Tag oder die nächste Stunde vorgesorgt hat.

III. NOTWENDIGKEIT UND WILLENSKRAFT

1. DAS UNENDLICHE

Negation, die Auffassung von der Abwesenheit oder Nichtexistenz von etwas oder vom Bestreiten einer Aussage, ist für den menschlichen Geist begreiflich. Aber die Auffassung einer absoluten Negation von allem, die Repräsentation eines absoluten Nichts, übersteigt das Verständnis des Menschen; so auch die Auffassung vom Entstehen von etwas aus dem Nichts, die Auffassung eines absoluten Anfangs. Der Herr, lehrt die Bibel, schuf die Welt aus dem Nichts; aber Gott selbst gab es schon von Ewigkeit an und wird in Ewigkeit bestehen ohne Anfang und ohne Ende.

Wie der menschliche Geist es sieht, geschieht alles, was geschieht, einem Etwas, das schon zuvor existierte. Das Entstehen von etwas Neuem wird als Entwicklung angesehen – als Reifen – von etwas, das potenziell schon gegenwärtig war in dem, was vorher existierte. Die Gesamtheit des Universums wie es gestern war, schließt schon die Potenzialität der Gesamtheit des Universums ein, wie es heute ist. Das Universum ist ein allumfassender Kontext von Elementen, eine Kontinuität, die sich vor und zurück erstreckt in Ewigkeit, eine Einheit, der wir weder einen Ursprung noch ein Ziel zuschreiben; sie übersteigt die geistigen Fähigkeiten des Menschen.

Alles, was ist, ist so, wie es ist, und nicht anders, weil das, was vorausging, von einer bestimmten Form und Struktur war und nicht von einer anderen Form und Struktur.

Wir wissen nicht, was ein Übermensch, ein vollkommen perfekter Geist über diese Fragen denken würde. Wir sind nur Menschen, die mit einem menschlichen Geist ausgestattet sind, und wir können uns die Potenz und die Kapazität eines solch vollkommeneren Geistes, der wesentlich andere als unsere geistigen Kräfte besitzt, noch nicht einmal vorstellen.

2. DIE LETZTE GEGEBENHEIT

Daraus folgt, dass es der wissenschaftlichen Forschung niemals gelingen wird, vollständige Antworten auf das zu finden, was die Rätsel des Universums genannt wird. Sie kann niemals zeigen, wie aus einem begreifbaren Nichts alles, was ist, entstand, und wie eines Tages alles, was existiert, wieder verschwinden kann und wieder nur das „Nichts" zurückbleibt.

Der wissenschaftlichen Forschung begegnet früher oder später, aber unvermeidlich, eine letzte Gegebenheit [ultimate given], die nicht auf etwas zurückgeführt werden kann, aus dem sie die reguläre oder notwendige Ableitung zu sein scheint. Der wissenschaftliche Fortschritt beruht im Hinausschieben dieser letzten Gegebenheit. Aber es wird immer etwas zurück bleiben, das – für den menschlichen Geist, der nach vollkommener Erkenntnis dürstet – im jeweiligen Stadium der Geschichte der Wissenschaft der vorläufige Endpunkt ist. Es war nur die Verleugnung allen philosophischen und erkenntnistheoretischen Denkens durch einige brillante, aber einseitige Physiker der letzten Jahrzehnte, die den Tatbestand, dass sie in Verlegenheit gerieten, gewisse Phänomene – die für sie die letzte Gegebenheit waren – auf andere Phänomene zurückzuführen, als eine Widerlegung des Determinismus interpretierten. Vielleicht ist es wahr, obwohl nicht wahrscheinlich, dass die zeitgenössische Physik in einigen Punkten eine Schranke erreicht hat, über die keine weitere Ausweitung des Wissens für den Menschen möglich ist. Aber wenn das auch sein kann, gibt es doch in allen Lehren der Naturwissenschaften nichts, das in irgendeiner Weise als unverträglich mit dem Determinismus angesehen werden kann.

Die Naturwissenschaften fußen vollkommen auf Erfahrung. Alles, was sie wissen und mit dem sie sich befassen, ist aus der Erfahrung gewonnen. Und Erfahrung könnte nichts lehren, wenn es keine Ordnung in der Verkettung und Abfolge der Geschehnisse gäbe.

Aber die Philosophie des Positivismus versucht viel mehr zu behaupten, als aus der Erfahrung gelernt werden kann. Sie gibt vor zu wissen, dass es im Universum nichts gibt, das nicht mit experimentellen Methoden der Naturwissenschaften erforscht und vollständig geklärt werden kann. Doch es wird von jedermann zugegeben, dass bis heute diese Methoden nichts zur Erklärung der Phänomene des Lebens beigetragen haben, die sich von den physikalisch-chemischen Phänomenen unterscheiden. Und alle verzweifelten Versuche, das Denken und Werten auf mechanische Prinzipien zurückzuführen, sind gescheitert.

Es ist keinesfalls das Ziel der vorherigen Bemerkungen, eine Ansicht über die Natur und die Struktur des Lebens auszudrücken. Dieser Essay ist, wie in den ersten Worten seines Vorworts schon gesagt wurde, kein Beitrag zur Philosophie. Wir müssen diese Probleme nur ansprechen, um zu zeigen, dass die Vorgehensweise, mit der der Positivismus übereinstimmt, einen Lehrsatz einschließt, für den keine experimentelle Begründung geliefert werden kann, nämlich den Lehrsatz, dass alle beobachtbaren Phänomene auf physikalische und chemische Prinzipien zurückzuführen sind. Woraus leiten die Positivisten diesen Lehrsatz ab? Es wäre gewiss falsch, ihn als eine Annahme a priori zu qualifizieren. Ein charakteristisches Kennzeichen einer apriorischen Kategorie ist, dass jede andere Annahme in diesem betreffenden Punkt dem menschlichen Geist als undenkbar und in sich widersprüchlich erscheint. Aber das ist sicher nicht der Fall bei dem Dogma des Positivisten, mit dem wir uns befassen. Die Ideen, die von gewissen religiösen oder metaphysischen Systemen gelehrt werden, sind weder undenkbar noch in sich widersprüchlich. In ihrer logischen Struktur gibt es nichts, das einen vernünftigen Menschen dazu zwingen würde, sie aus denselben Gründen abzulehnen, wie er beispielsweise die These verwerfen würde, dass es keinen Unterschied und keine Unterscheidung gibt zwischen *A* und Nicht-*A*.

Die Kluft in der Erkenntnistheorie, die die Geschehnisse auf dem Gebiet, das von den Naturwissenschaften untersucht wird, von jenen auf dem Gebiet des Denkens und Handelns trennt, wurde durch die Befunde und Errungenschaften der Naturwissenschaften nicht schmaler. Alles, was wir über die gegenseitige Beziehung und die wechselseitige Abhängigkeit dieser beiden Reiche der Wirklichkeit wissen, ist Metaphysik. Die positivistische Lehre, die die Legitimität jeder metaphysischen Lehre leugnet, ist selbst nicht weniger metaphysisch als viele andere Lehren, die sich mit ihr streiten. Das bedeutet: Was ein Mensch im gegenwärtigen Stadium menschlicher Zivilisation und Erkenntnis über solche Themen sagt wie die Seele, den Geist, den Glauben, das Denken, das Urteilsvermögen und das Wollen hat nicht den erkenntnistheoretischen Charakter der Naturwissenschaften und kann keineswegs als wissenschaftliche Erkenntnis betrachtet werden.

Ein ehrlicher Mensch, der vollkommen mit allen Errungenschaften der zeitgenössischen Naturwissenschaften vertraut ist, müsste frei und vorbehaltlos zugeben, dass die Naturwissenschaften nicht wissen, was Geist ist und wie er arbeitet und dass ihre Forschungsmethoden nicht dazu geeignet sind, die Probleme abzuhandeln, mit denen sich die Wissenschaft des menschlichen Handelns befasst.

Es wäre von Seiten der Anhänger des logischen Positivismus klug, Wittgensteins Rat zu beherzigen: „Wovon man nicht sprechen kann, darüber muss man schweigen.“[34]

3. STATISTIK

Die Statistik ist die Beschreibung von Phänomenen, die nicht durch regelmäßige Einheitlichkeit gekennzeichnet sind, in Zahlenausdrücken. Soweit es eine erkennbare Regelmäßigkeit in der Abfolge von Phänomenen gibt, ist es nicht nötig, zur Statistik zu greifen. Die Aufgabe von Bevölkerungsstatistiken ist es nicht, den Tatbestand

34 Ludwig Wittgenstein: *Tractatus logico-philosophicus. Logisch-philosophische Abhandlung*, Frankfurt 1963, Punkt 7.

festzustellen, dass alle Menschen sterblich sind, sondern Informationen über die Länge des menschlichen Lebens zu liefern, eine Größe, die nicht einheitlich ist. Statistik ist daher eine spezifische Methode der Geschichtsschreibung.

Wo eine Ordnung vorherrscht, kann die Statistik nichts anderes zeigen, als dass auf *A* in allen Fällen *P* folgt und in keinem Fall etwas anderes als *P*. Wenn eine Statistik zeigt, dass auf *A* in x Prozent aller Fälle *P* und in (100–x) Prozent aller Fälle *Q* folgt, müssen wir annehmen, dass ein vollkommeneres Wissen *A* in zwei Faktoren *B* und *C* aufspalten müsste, von denen auf die erste regelmäßig *P* und auf letzte *Q* folgt.

Statistiken sind eine der Quellen der geschichtlichen Forschung. Es gibt auf dem Gebiet des menschlichen Handelns bestimmte Vorkommnisse und Geschehnisse, deren charakteristische Merkmale in Zahlenausdrücken beschrieben werden können. Jedoch erlaubt beispielsweise der Einfluss einer bestimmten Lehre auf das Denken der Leute keine zahlenmäßigen Ausdrücke. Seine „Quantität“ kann nur durch die Methode des eigentümlichen Verstehens der historischen Disziplinen ermittelt werden.[35] Aber die Zahl der Leute, die ihr Leben in Kämpfen verloren haben, in Kriegen, Revolutionen und Mordanschlägen, also unter gesellschaftlichen Bedingungen in Übereinstimmung mit einer bestimmten Lehre, kann genau beziffert werden, wenn alle erforderlichen Dokumente verfügbar sind.

Die Statistik liefert nur numerische Informationen über geschichtliche Tatbestände, das heißt über Geschehnisse von bestimmten Menschen in einer bestimmten Zeitperiode in einem bestimmten Gebiet. Sie handelt von der Vergangenheit und nicht von der Zukunft. Wie jede andere Erfahrung der Vergangenheit kann sie gelegentlich wichtige Dienste bei der Zukunftsplanung leisten, aber sie sagt nichts aus, das direkt für die Zukunft gültig ist.

Es gibt nicht so etwas wie statistische Gesetze. Die Leute greifen zu statistischen Methoden genau deshalb,

35 Siehe unten S. 94ff.

weil sie nicht in der Lage sind, in der Verkettung und Abfolge von Geschehnissen eine Regelmäßigkeit zu finden. Die berühmtesten statistischen Leistungen, die Sterblichkeitstabellen, zeigen keine Stabilität, sondern Veränderungen der Sterblichkeitsraten der Bevölkerung. Die durchschnittliche Dauer des menschlichen Lebens ändert sich im Lauf der Geschichte, sogar wenn keine Änderungen in den natürlichen Umgebungen auftreten, weil viele Faktoren, die sie beeinflussen, das Ergebnis menschlichen Handelns sind, beispielsweise Gewalt, Diät, medizinische und prophylaktische Maßnahmen, die Versorgung mit Nahrungsmitteln und anderes.

Das Konzept des „statistischen Gesetzes" entstand ursprünglich, als einige Autoren bei der Untersuchung des menschlichen Verhaltens nicht erkannten, warum bestimmte statistische Daten sich nur langsam ändern und sie in blindem Enthusiasmus voreilig Langsamkeit des Wandels mit der Abwesenheit des Wandels gleichsetzten. So glaubten sie, Regelmäßigkeiten im Verhalten von Menschen entdeckt zu haben – Gesetze –, für die niemand, weder sie noch jemand anderes, eine andere Erklärung hatten als die – letztlich unberechtigte – Vermutung, dass Statistiken sie bewiesen hätten.[36] Von der wackeligen Philosophie dieser Autoren liehen sich die Physiker den Ausdruck „statistisches Gesetz", aber sie gaben ihm eine Konnotation, die sich von der unterschied, die ihm auf dem Gebiet des menschlichen Handelns beigefügt wird. Es ist nicht unsere Aufgabe, uns mit der Bedeutung zu befassen, die diese Physiker und spätere Generationen von Physikern diesem Ausdruck beigelegt haben oder damit, welchen Dienst die Statistik für die experimentelle Forschung und Technologie leisten kann.

Die Welt der Naturwissenschaften ist das Gebiet, in dem der menschliche Geist fähig ist, konstante Beziehungen zwischen verschiedenen Elementen zu entdecken. Was

36 Über den bedeutendsten Fall dieser Lehre, den von H. Th. Buckle, siehe Mises: *Theorie und Geschichte*, S.126ff.

das Gebiet der Wissenschaft des menschlichen Handelns charakterisiert, ist das Fehlen konstanter Beziehungen außer denen, mit denen sich die Praxeologie befasst. In der ersten Gruppe der Wissenschaften gibt es Gesetze (der Natur) und Messung. In der letzten gibt es keine Messung und – außer der Praxeologie – keine Gesetze; es gibt nur Geschichte, einschließlich Statistik.

4. FREIER WILLE

Der Mensch ist nicht wie die Tiere eine unterwürfige Puppe der Instinkte und sinnlichen Reize. Der Mensch hat die Macht, instinktive Wünsche zu unterdrücken, er hat einen eigenen Willen, er wählt zwischen unverträglichen Zielen. In diesem Sinne ist er eine moralische Person; in diesem Sinne ist er frei.

Es ist jedoch nicht statthaft, diese Freiheit als eine Unabhängigkeit vom Universum und seinen Gesetzen zu interpretieren. Auch der Mensch ist ein Element des Universums, das abstammt von dem ursprünglichen X, aus dem sich alles entwickelt hat. Er hat von der unendlichen Linie seiner Stammeltern die physiologische Ausstattung seiner selbst geerbt; in seinem vorgeburtlichen Leben war er einer Vielzahl von physischen und geistigen Erfahrungen ausgesetzt. Er ist in jedem Augenblick seines Lebens – seiner irdischen Pilgerreise – ein Produkt der gesamten Geschichte des Universums. Alle seine Handlungen sind das unvermeidliche Ergebnis seiner Individualität, die von allem Vorhergehenden geformt wurde. Ein allwissendes Wesen könnte jede seiner Entscheidungen richtig voraussagen. (Wir haben uns jedoch nicht mit den verwickelten theologischen Problemen zu befassen, die das Konzept der Allwissenheit aufwirft.)

Willensfreiheit bedeutet nicht, dass die Entscheidungen, die das Handeln des Menschen leiten, sozusagen von außen in das Gewebe des Universums fallen und ihm etwas hinzufügen, das keine Beziehung hat zu den

Elementen, die das Universum zuvor geformt haben, und von ihnen unabhängig sind. Handlungen werden von Ideen geleitet, und Ideen sind das Produkt des menschlichen Geistes, der durchaus ein Teil des Universums ist und dessen Macht durch die ganze Struktur des Universums streng bestimmt ist.

Worauf sich der Ausdruck „Willensfreiheit" bezieht, ist der Tatbestand, dass die Ideen, die einen Menschen in seinen Entscheidungen beeinflussen, wie alle anderen Ideen nicht durch äußere „Fakten" „produziert" sind, nicht die Bedingungen der Realität „widerspiegeln" und nicht durch einen feststellbaren äußeren Faktor „eindeutig determiniert" sind, den wir ihnen in der Weise unterstellen können, wie wir in allen anderen Ereignissen einer Wirkung eine bestimmten Ursache unterstellen. Über eine bestimmte Instanz des menschlichen Handelns und Entscheidens lässt sich nicht mehr sagen, als dass sie der Individualität des Menschen zuzuschreiben ist.

Wir wissen nicht, wie aus der Begegnung einer menschlichen Individualität, d.h. eines durch all seine Anlagen und Erlebnisse geformten Menschen, mit einer neuen Erfahrung bestimmte Ideen resultieren und das Verhalten des Individuums bestimmen. Wir haben noch nicht einmal eine Vermutung, wie ein solches Wissen erworben werden könnte. Mehr noch, wir erkennen, dass wenn ein solches Wissen für den Menschen erreichbar wäre, und wenn folglich die Bildung von Ideen und damit auch des Willens in der Weise manipuliert werden könnte, wie Maschinen durch den Ingenieur bedient werden, sich die menschlichen Lebensbedingungen wesentlich verändern würden. Es würde eine weite Kluft aufgehen zwischen denen, die die Ideen anderer Menschen manipulieren und denen, deren Ideen und deren Wille durch andere manipuliert werden.

Es ist genau diese Wissenslücke, die den grundlegenden Unterschied zwischen den Naturwissenschaften und der Wissenschaft vom menschlichen Handeln hervorbringt.

Der Bezug auf die Willensfreiheit zeigt auf, dass etwas bei der Erzeugung von Geschehnissen entscheidend sein kann, über das die Naturwissenschaften keine Informationen liefern können, etwas, das die Naturwissenschaften nicht einmal beobachten können. Dennoch zwingt uns unsere Unfähigkeit, einen absoluten Anfang aus dem Nichts zu bestimmen, zur Annahme, dass auch dieses unsichtbare und unberührbare Etwas – der menschliche Geist – ein fester Bestandteil des Universums ist, ein Produkt seiner ganzen Geschichte.[37]

Die traditionelle Behandlung des Problems der Willensfreiheit bezieht sich auf die Unschlüssigkeit des Handelnden vor seiner letztlichen Entscheidung. In diesem Stadium schwankt der Handelnde zwischen verschiedenen Handlungsrichtungen, von denen jede einige Vorzüge und Nachteile hat, die den anderen fehlen. Im Vergleich ihres Für-und-Widers versucht er die Entscheidung zu finden, die mit seiner Persönlichkeit und mit den besonderen Bedingungen des Augenblicks übereinstimmt, um so in seinen Augen alle seine Anliegen am besten zu befriedigen. Das bedeutet, dass seine Individualität – das Ergebnis all dessen, was er bei der Geburt von seinen Vorfahren ererbt hat und was er selbst bis zu dem kritischen Augenblick erlebt hat – die letzte Entscheidung bestimmt. Wenn er später seine Vergangenheit überdenkt, ist er sich des Tatbestandes bewusst, dass sein Benehmen in jeder Situation vollkommen durch die Art von Mensch bestimmt wurde, die er im Augenblick des Handelns war. Es ist unerheblich, ob in der Retrospektive er selbst oder ein unbeteiligter Beobachter alle Faktoren klar beschreiben kann, die maßgeblich die Bildung der vergangenen Entscheidungen bestimmt haben.

Niemand ist in der Lage, mit der gleichen Sicherheit, wie die Naturwissenschaften Vorhersagen zu treffen, vorherzusagen, wie er oder andere Leute in der Zukunft handeln werden. Es gibt keine Methode, die es uns erlaubt, über

37 Über diese Problematik siehe Mises: *Theorie und Geschichte*, S. 119–133.

die menschliche Persönlichkeit alles zu lernen, das nötig wäre, um solche Prognosen mit dem Grad an Sicherheit abzugeben, der in der Technologie erreicht wird.

Die Art wie Geschichtsschreiber und Biographen bei der Analyse und Erklärung der Handlungen von Menschen verfahren, mit denen sie sich beschäftigen, spiegelt eine richtigere Sicht auf die involvierten Probleme als eine voluminöse gelehrte Abhandlung der Moralphilosophie wider. Die Historiker beachten das geistige Milieu und die vergangenen Erfahrungen des Handelnden, sein Wissen und Nichtwissen über allen Daten, die seine Entscheidung beeinflussen konnten, seinen Gesundheitszustand und viele andere Faktoren, die eine Rolle hätten spielen können. Doch auch nach Berücksichtigung all dieser Dinge, bleibt etwas übrig, das jedem weiteren Interpretationsversuch trotzt, nämlich die Persönlichkeit oder Individualität des Handelnden. Wenn alles über den Fall gesagt wurde, bleibt schließlich keine andere Antwort auf die Frage, warum Cäsar den Rubikon überschritt, als: Weil er Cäsar war. Wir können im Umgang mit menschlichem Handeln nicht die Persönlichkeit des Handelnden weglassen.

Menschen sind ungleich; Individuen unterscheiden sich voneinander. Sie unterscheiden sich, weil ihre pränatale wie postnatale Geschichte niemals gleich ist.

5. UNVERMEIDLICHKEIT

Alles, was geschieht, musste unter den vorliegenden Bedingungen geschehen. Es geschah, weil die Kräfte zugunsten des Geschehenden stärker waren als die widerstrebenden Faktoren. Das Geschehen war in diesem Sinne zwangsläufig.

Ein Historiker, der rückblickend von Zwangsläufigkeit spricht, schwelgt nicht in einem Pleonasmus. Was er damit meint, ist die Bezeichnung eines bestimmten Geschehnisses oder einer Reihe von Geschehnissen *A* als bewegende Kraft, die ein zweites Geschehnis *B* hervorbrachte.

Dabei ist der Vorbehalt selbstverständlich: vorausgesetzt, dass keine genügend starken widerstrebenden Faktoren auftreten. Wenn solch ein Gegengewicht fehlte, musste *A* zu *B* führen, und es ist erlaubt, *B* eine unvermeidliche Folge zu nennen.

Bei der Prognose zukünftiger Geschehnisse ist die Erwähnung der Unvermeidlichkeit – abgesehen vom Bereich, in dem die praxeologischen Gesetze gelten, eine bedeutungslose Redewendung. Sie fügt der Schlüssigkeit der Voraussage nichts hinzu. Sie bekundet nur die Schwärmerei ihres Autors. Das ist alles, was über die prophetischen Ergüsse der verschiedenen Systeme der Geschichtsphilosophie zu sagen ist.[38] Die Notwendigkeit eines Naturprozesses, die Marx für seine Prophezeiungen[39] reklamiert, ist nur ein rhetorischer Trick.

Die folgenschweren Veränderungen, die im Lauf der kosmischen und menschlichen Geschichte vor sich gehen, sind die gemeinsame Auswirkung einer Vielzahl von Geschehnissen. Jedes dieser beitragenden Geschehnisse ist streng durch die Faktoren determiniert, die ihnen vorausgingen und sie erzeugt haben, und das ist auch der Anteil eines jeden Geschehnisses am Hervorbringen der Veränderung. Wenn aber und insoweit die Kausalketten, auf denen der Eintritt dieser verschiedenen beitragenden Geschehnisse beruhen, unabhängig voneinander sind, kann eine Situation entstehen, die einige Historiker und Philosophen dazu gebracht hat, die Rolle, die der Zufall in der Menschheitsgeschichte spielt, zu übertreiben. Sie übersehen, dass die Geschehnisse gewichtet werden müssen nach der Größe ihrer Einflüsse und dem Zusammenwirken im Hervorbringen des gemeinsamen Ergebnisses. Wenn bloß eines der kleineren Geschehnisse verändert wird, wird der Einfluss auf das Gesamtergebnis auch nur sehr gering sein.

38 Über die Geschichtsphilosophie siehe Mises: *Theorie und Geschichte*, S. 187 ff.

39 Marx: *Das Kapital*, Bd. I, Kap. xxiv, Punkt 7.

Die folgende Argumentation ist ziemlich unbefriedigend: Wenn die Polizei in Sarajevo am 28. Juni 1914 wirkungsvoller gewesen wäre, wäre der Erzherzog nicht ermordet worden und der Weltkrieg und alle seine katastrophalen Konsequenzen hätten vermieden werden können. Was – im obigen Sinne – den großen Krieg unvermeidlich machte, waren einerseits die unversöhnlichen Konflikte unter den verschiedenen Sprachgruppen (Nationalitäten) der Habsburger Monarchie und andererseits die deutschen Bestrebungen eine Flotte zu bauen, die stark genug war, die britische Seemacht zu schlagen. Die russische Revolution musste kommen, da das zaristische System und seine bürokratischen Methoden durch die überwältigende Mehrheit der Bevölkerung leidenschaftlich abgelehnt wurden. Der Ausbruch des Krieges beschleunigte nicht ihren Ausbruch; er verzögerte ihn eher für eine kurze Zeit. Der hitzige Nationalismus und Etatismus der europäischen Völker musste zum Krieg führen. Das waren die Faktoren, die den großen Krieg und seine Folgen unvermeidlich machten, gleichgültig, ob die serbischen Nationalisten in ihren Bestrebungen, den Erben des österreichischen Thrones zu ermorden, erfolgreich waren oder versagten.

Politische, gesellschaftliche und wirtschaftliche Angelegenheiten sind das Ergebnis des Zusammenwirkens aller Menschen. Obwohl beträchtliche Unterschiede im Hinblick auf die Wichtigkeit der Beiträge der verschiedenen Individuen bestehen, sind sie doch vergleichbar und mehr oder weniger ersetzbar durch die Beiträge anderer Individuen. Ein Unfall, der die Arbeit eines Einzelnen vernichtet, auch wenn dieser ziemlich bedeutend war, bringt den Lauf der Geschehnisse nur leicht von dem Kurs ab, dem sie gefolgt wären, wenn er sich nicht ereignet hätte.

Die Bedingungen sind anders auf dem Gebiet der größten intellektuellen und künstlerischen Leistungen. Die Großtat des Genies liegt außerhalb des regulären Flusses der menschlichen Angelegenheiten. Auch das Genie ist in vieler Hinsicht durch seine Umgebungsbedingungen bestimmt. Was aber seinem Werk seinen besonderen

Glanz verleiht, ist etwas, das einzigartig ist und von niemandem anderen wiederholt werden kann. Wir wissen weder, welche Genkombinationen die innewohnenden Fähigkeiten eines Genies erzeugen, noch welche Art von Umgebungsbedingungen nötig sind, um sie fruchtbar zu machen. Wenn er erfolgreich alle Gefahren vermeidet, die ihn und seine Errungenschaften schädigen können, umso besser für die Menschheit. Wenn ein Unfall ihn vernichtet, verlieren alle Menschen etwas Unersetzliches.

Wenn Dante, Shakespeare oder Beethoven in der Kindheit gestorben wären, würde das fehlen, was ihnen eigen war. In diesem Sinne können wir sagen, dass der Zufall eine Rolle spielt in den menschlichen Angelegenheiten. Aber diesen Tatbestand hervorzuheben, bedeutet nicht im geringsten, der apriorischen Kategorie des Determinismus zu widersprechen.

IV. GEWISSHEIT UND UNGEWISSHEIT

1. DAS PROBLEM DER QUANTITATIVEN BESTIMMTHEIT

Laborexperimente und Beobachtung von äußeren Phänomenen erlauben den Naturwissenschaften Messungen und die Quantifizierung des Wissens. Im Hinblick auf diesen Tatbestand pflegte man diese Wissenschaften als die exakten zu bezeichnen und den Mangel an Genauigkeit in den Wissenschaften vom menschlichen Handeln schlecht zu machen.

Heute leugnet niemand mehr, dass wegen der Unzulänglichkeit unserer Sinne Messungen niemals vollkommen und genau in der umfassenden Bedeutung dieses Begriffs sind. Sie liefern nur mehr oder weniger genaue Annäherungswerte. Übrigens zeigt die Heisenbergsche Unschärferelation, dass es Beziehungen gibt, die überhaupt nicht mehr gemessen werden können. Es gibt in unserer Beschreibung der Naturphänomene keine quantitative Exaktheit. Doch sind die Näherungswerte, die physikalische und chemische Gegenstände liefern, für die praktischen Zwecke im Großen und Ganzen genügend. Die Welt der Technologie ist eine Welt der annähernden Messung und der annähernden quantitativen Bestimmtheit.

In der Sphäre des menschlichen Handelns gibt es keine konstanten Beziehungen zwischen irgendwelchen Faktoren. Folglich ist keine Messung und keine Quantifizierung möglich. Alle messbaren Größen, die der Wissenschaft des menschlichen Handelns begegnen, sind Größen der Umgebung, in der der Mensch lebt und handelt. Es handelt sich dabei um historische Fakten, etwa die der Wirtschafts- oder Militärgeschichte, und sie sind klar von den Problemen zu unterscheiden, mit denen die theoretische Wissenschaft vom Handeln – die Praxeologie und besonders ihr am besten entwickelter Teil, die Ökonomik – zu tun haben.

Geblendet durch die Idee, dass die Wissenschaft vom menschlichen Handeln die Technik der Naturwissenschaften nachäffen sollte, sind Heerscharen von Autoren eifrig mit einer Quantifizierung der Ökonomik beschäftigt. Sie glauben, dass die Ökonomik die Chemie imitieren sollte, die von einer qualitativen zu einer quantitativen Stufe fortschritt.[40] Ihr Motto ist die positivistische Maxime: Wissenschaft ist Messung. Durch reiche Fonds unterstützt sind sie damit beschäftigt, statistische Daten, die von Regierungen, Handelsorganisationen, Verbänden und anderen Organisationen geliefert werden, abzudrucken und neu anzuordnen. Sie versuchen, die zahlenmäßigen Beziehungen unter den verschiedenen Daten zu errechnen und so das zu bestimmen, was sie, in Analogie zu den Naturwissenschaften, Korrelationen und Funktionen nennen. Sie erkennen nicht, dass auf dem Gebiet des menschlichen Handelns Statistik immer Geschichte ist, und dass die angeblichen „Korrelationen" und „Funktionen" nichts anderes beschreiben, als das, was zu einem bestimmten Zeitpunkt in einem bestimmten geografischen Gebiet als Folge der Handlungen einer bestimmten Zahl von Menschen geschah.[41] Als eine Methode der ökonomischen Analyse ist Ökonometrie ein kindisches Spiel mit Zahlen, das nichts zur Erhellung der Probleme der wirtschaftlichen Realität beiträgt.

2. SICHERES WISSEN

Der radikale Empirismus lehnt die Idee ab, dass dem Geist sterblicher Menschen sicheres Wissen über die Verfassung des Universums zugänglich sei. Er betrachtet die

40 J. Schumpeter, *Das Wesen und der Hauptinhalt der theoretischen Nationalökonomie*, Leipzig, 1908, S. 606 ff.; W. Mitchell: „Quantitative Analysis in Economic Theory", *American Economic Review*, XV, 1 ff.; G. Cassel: *On Quantitative Thinking in Economics*, Oxford, 1935 und eine täglich anwachsende Flut von Büchern und Artikeln.

41 Mises: *Human Action*, S. 347 ff.

apriorischen Kategorien der Logik und Mathematik als Annahmen oder Konventionen, die alleine wegen ihrer Eignung zum Erlangen jenes Wissens, das dem Menschen zugänglich ist, frei gewählt wurden. Alles was durch Deduktion aus diesen apriorischen Kategorien abgeleitet wird, sei nur tautologisch und vermittele keine Information über den Zustand der Wirklichkeit. Selbst wenn wir das unhaltbare Dogma der Ordnung in der Verkettung und Abfolge der Naturgeschehnisse akzeptierten, verunmöglichte die Fehlerhaftigkeit und Mangelhaftigkeit der menschlichen Sinne, irgendeinem aposteriorischen Wissen Gewissheit zuzuschreiben. Wir, die wir menschliche Wesen sind, müssen diese Lage der Dinge hinnehmen. Wie die Dinge „wirklich" sind oder erscheinen mögen, wenn sie aus der Sicht einer übermenschlichen Intelligenz betrachtet werden, die wesentlich anders ist als der menschliche Geist, wie er in dem gegenwärtigen Zeitalter der kosmischen Geschichte funktioniert, ist für uns unergründlich.

Doch dieser radikale Skeptizismus bezieht sich nicht auf die praxeologische Erkenntnis. Auch die Praxeologie beginnt bei einer apriorischen Kategorie und fährt mit deduktiven Schlussfolgerungen fort. Doch für sie gelten die Einwände, die durch den Skeptizismus gegen die Beweiskraft der apriorischen Kategorien und gegen das apriorische Argumentieren erhoben werden, nicht. Denn, um es erneut zu betonen, die Wirklichkeit, deren Erhellung und Interpretation die Aufgabe der Praxeologie ist, und die logische Struktur des menschlichen Geistes sind gleichartig. Der menschliche Geist erzeugt sowohl das menschliche Denken als auch das menschliche Handeln. Das menschliche Handeln und das menschliche Denken entspringen derselben Quelle und sind in diesem Sinne homogen. Es gibt in der Struktur des menschlichen Handeln nichts, das nicht durch den menschlichen Geist vollständig erklärt werden kann. In diesem Sinne liefert die Praxeologie sicheres Wissen.

Der Mensch, wie er auf diesem Planeten in der gegenwärtigen Periode der kosmischen Geschichte existiert, kann eines Tages verschwinden. Aber so lange es Lebewesen der Spezies Homo sapiens gibt, wird es menschliches Handeln in der kategorialen Art geben, mit der es die Praxeologie zu tun hat. In diesem eingeschränkten Sinn versorgt uns die Praxeologie mit exaktem Wissen über die künftigen Verhältnisse.

Auf dem Gebiet des menschlichen Handelns beziehen sich alle quantitativ bestimmten Größen nur auf die Geschichte und tragen keine Erkenntnisse bei, die etwas über die bestimmten geschichtlichen Konstellationen hinaus bedeuten können, in der sie erzeugt wurden. Alles allgemeine Wissen, das heißt, jede Erkenntnis, die nicht nur auf eine bestimmte Konstellation der Vergangenheit anwendbar ist, sondern auf alle in praxeologischer Hinsicht identische Konstellationen sowohl der Vergangenheit als auch der Zukunft, ist deduktive Erkenntnis, die letztlich aus den apriorischen Kategorien des Handelns abgeleitet wurde. Sie bezieht sich starr auf jede Wirklichkeit von Handlungen, wie sie in der Vergangenheit auftraten und in der Zukunft auftreten werden. Sie vermittelt genaues Wissen über wirkliche Dinge.

3. DIE UNGEWISSHEIT DER ZUKUNFT

Einer oft zitierten Redewendung von Auguste Comte folgend, habe das Wissen der (Natur-)Wissenschaften das Ziel, die Zukunft vorherzusagen. Diese Vorhersagen sind, soweit sie sich auf die Auswirkungen des menschlichen Handelns beziehen, bedingt. Sie besagen: Wenn *A*, dann *B*. Aber sie sagen nichts über das Entstehen von *A*. Wenn ein Mensch Zyankali zu sich nimmt, wird er sterben. Aber, ob er dieses Gift schlucken wird oder nicht, bleibt unentschieden.

Die Vorhersagen der Praxeologie sind, innerhalb der Reichweite ihrer Anwendbarkeit, absolut gewiss. Aber sie sagen uns nichts über die Werturteile der handelnden Individuen und die Art, wie sie ihre Handlungen bestimmen werden. Alles, was wir über diese Werturteile wissen, hat den kategorialen Charakter des eigentümlichen Verstehens der historischen Wissenschaften des menschlichen Handelns. Ob unsere Voraussagen der zukünftigen Werturteile – von uns oder anderen Menschen – und der Mittel, zu denen gegriffen werden wird, um die Handlungen an diesen Werturteilen auszurichten, richtig sind oder nicht, kann nicht im Voraus gewusst werden.

Die Ungewissheit der Zukunft ist eines der Hauptmerkmale der menschlichen Lebensbedingungen. Sie befleckt alle Erscheinungen des Lebens und Handelns.

Der Mensch ist auf die Gnade von Kräften und Mächten angewiesen, die außerhalb seiner Kontrolle liegen. Er handelt, um so gut wie möglich das zu verhindern, was ihm seiner Meinung nach schaden wird. Er kann aber höchstens innerhalb eines schmalen Spielraums Erfolg haben. Und er kann niemals im Voraus wissen, bis zu welchem Grad sein Handeln das gesuchte Ziel erreichen wird und, wenn er es erreicht, ob dieses Handeln in der Rückschau – ihm selbst oder anderen Menschen, die es sehen – als die beste Entscheidung im Rahmen der Möglichkeiten erscheinen wird, die ihm im Augenblick, als er sie traf, offen standen.

Die Technik, die auf den Errungenschaften der Naturwissenschaften beruht, strebt nach völliger Kontrolle innerhalb eines bestimmten Bereichs, der natürlich nur einen Teil der Geschehnisse umfasst, die das Schicksal des Menschen bestimmen. Obwohl der Fortschritt der Naturwissenschaften nach einer Vergrößerung des Bereichs von solchen wissenschaftlich geleiteten Handlungen strebt, wird er niemals mehr als einen schmalen Bereich möglicher Geschehnisse umfassen. Und auch innerhalb dieses Bereichs kann es nie eine absolute Gewissheit geben. Das erstrebte Ergebnis kann durch das Eindringen von Kräften, die noch nicht bekannt sind oder außerhalb der menschlichen Kontrolle liegen, vereitelt werden. Ingenieurwissenschaftliche Technik kann das Zufallselement der menschlichen Existenz nicht beseitigen; sie begrenzt nur ein wenig dessen Wirkungsfeld. Es bleibt immer ein Bereich, der den begrenzten Erkenntnissen des Menschen als ein Bereich reinen Zufalls erscheint und das Leben wie ein Glücksspiel aussehen lässt. Der Mensch und seine Werke sind immer der Einwirkung von unerwarteten und unkontrollierbaren Geschehnissen ausgesetzt. Er muss sich auf sein gutes Glück verlassen, nicht von ihnen getroffen zu werden. Selbst dumme Leute können nicht übersehen, dass ihr Wohlergehen letztlich von dem Wirken von Kräften abhängt, die des Menschen Weisheit, Erkenntnis, Voraussicht und Vorsicht übersteigen. Im Hinblick auf diese Kräfte ist alles menschliche Planen vergebens. Das ist es, was die Religion meint, wenn sie von den unergründlichen Ratschlüssen des Himmel spricht, und sich zum Gebet wendet.

4. QUANTIFIZIERUNG UND VERSTEHEN IM HANDELN UND IN DER GESCHICHTE

Viele Daten, mit denen sich der Geist entweder in der Rückschau oder bei der Planung der Zukunft befasst, können mittels Zahlen dargestellt werden. Andere wichtige Größen können hingegen nur in die Worte der nichtmathematischen Sprache gefasst werden. Bei solchen Größen ist das eigentümliche Verstehen der Wissenschaft vom menschlichen Handeln sozusagen ein Behelf für die Nichtdurchführbarkeit der Messung.

In diesem Sinne spricht der Historiker wie auch der handelnde Mensch von der Wichtigkeit verschiedener Geschehnisse und Handlungen im Hinblick auf ihr Hervorbringen anderer Geschehnisse und bestimmter Zustände. In diesem Sinne unterscheiden sie zwischen wichtigeren und unwichtigeren Geschehnissen und Tatbeständen und zwischen größeren Menschen und unbedeutenderen.

Fehlurteile in dieser quasi-quantitativen Bewertung der Wirklichkeit sind schädlich, wenn sie in die Planung von

Handlungen einfließen. Spekulationen müssen scheitern, wenn sie auf der illusorischen Vorhersage der Zukunftsbedingungen beruhen. Selbst wenn sie „qualitativ" korrekt sind, d.i., wenn die Bedingungen, die sie voraussehen, wirklich auftreten, können sie Unglück bringen, wenn sie „quantitativ" falsch sind, d.i., wenn sie sich im Hinblick auf die Größenordnungen der Effekte oder im Zeitpunkt ihres Erscheinens geirrt haben. Dies macht die langfristigen Spekulationen von Staatsmännern und Geschäftsmännern besonders gefährlich.

5. DIE UNSICHERHEIT VON VORAUSSAGEN MENSCHLICHER ANGELEGENHEITEN

Bei der Voraussage dessen, was in der Zukunft geschehen kann oder wird, kann der Mensch entweder richtig oder falsch liegen. Aber seine Voraussage zukünftiger Geschehnisse kann den Lauf der Natur nicht beeinflussen. Was immer der Mensch erwarten mag, die Natur wird ihren eigenen Weg unberührt von menschlichen Erwartungen, Sehnsüchten, Wünschen und Hoffnungen gehen.

Anders verhält es sich in der Sphäre, in der menschliches Handeln ausgeführt werden kann. Die Voraussage kann sich als fehlerhaft herausstellen, wenn sie den Menschen dazu verleitet, erfolgreich in einer Weise zu verfahren, die das Geschehen der vorausgesagten Ereignisse abzuwenden vermag. Menschen werden häufig aus dem Wunsch heraus, das Auftreten von unerwünschten Ereignissen zu vermeiden, dazu getrieben, auf die Meinungen von Wahrsagern zu hören oder sie um Rat zu fragen. Wenn andererseits das, was das Orakel verspricht, mit ihren Wünschen übereinstimmt, könnten sie auf die Prophezeiung auf zweierlei Arten reagieren. Wenn sie dem Orakel trauen, könnten sie entweder faul werden und das, was getan werden muss, um das vorausgesagte Ziel zu erreichen, vernachlässigen. Oder sie könnten voller Vertrauen ihre Anstrengungen verdoppeln, um das gewünschte Ziel zu erreichen. In all solchen Fällen hat der Inhalt der Prophezeiung die Kraft, den Lauf der Dinge von dem Kurs abzubringen, den er ohne die vermeintlich vertrauenswürdige Voraussage gehabt hätte.

Wir können den Fall veranschaulichen, wenn wir eine unternehmerische Voraussage heranziehen. Wenn Leuten gesagt wird, dass die Hausse im Mai beginne und sich dann einige Monate fortsetze und nicht vor Dezember in einer Baisse ende, werden sie versuchen, so früh wie möglich zu verkaufen, auf jeden Fall vor Dezember. Dann wird die Hausse vor dem vorausgesagten Tag zu Ende gehen.

6. WIRTSCHAFTLICHE VORAUSSAGEN UND DIE LEHRE VOM TREND

Die Ökonomik kann die Auswirkungen voraussagen, die vom Ergreifen bestimmter Maßnahmen der Wirtschaftspolitik zu erwarten sind. Sie kann die Frage beantworten, ob eine bestimmte Politik in der Lage ist, die gesuchten Ziele zu erreichen und, wenn die Antwort negativ ausfällt, welches ihre wirklichen Auswirkungen sein werden. Aber ihre Voraussage kann natürlich nur „qualitativ" sein. Sie kann nicht „quantitativ" sein, weil es keine konstanten Beziehungen zwischen den betreffenden Faktoren und Effekten gibt. Der praktische Wert der Ökonomik kann in seiner feinsäuberlich eingegrenzten Kraft gesehen werden, die Folgen bestimmter Maßnahmen vorauszusagen.

Jene, die die apriorische Wissenschaft der Ökonomik wegen ihres Apriorismus ablehnen, die Anhänger der verschiedenen Schulen des Historismus und Institutionalismus, sollten vom Standpunkt ihrer eigenen erkenntnistheoretischen Prinzipien eigentlich daran gehindert sein, ein Urteil darüber abzugeben, welche zukünftigen Auswirkungen von einer bestimmten Wirtschaftspolitik zu erwarten seien. Sie können noch nicht einmal wissen, was eine bestimmte Maßnahme, wann immer sie ergriffen wurde, in der Vergangenheit bewirkt hat. Denn was geschieht, ist immer das Ergebnis des Zusammenwirkens einer Vielzahl von Faktoren. Die fragliche Messung betraf nur einen der vielen Faktoren, der zum Auftreten des schließlichen Ergebnisses beitrug. Aber selbst, wenn diese Gelehrten mutig genug sind zuzugeben, dass eine bestimmte Maßnahme in der Vergangenheit zu bestimmten Effekten geführt hat, wäre es – vom Standpunkt ihrer eigenen Prinzipien – nicht gerechtfertigt anzunehmen, dass daher der gleiche Effekt auch in der Zukunft erzielt werden wird. Ein konsistenter Historismus und Institutionalismus müsste sich damit zurückhalten, eine Meinung über die – notwendigen – Zukunftseffekte irgendeiner politischen Maßnahme zu verbreiten. Sie müssten ihre Lehren auf die Behandlung der Wirtschaftsgeschichte beschränken. (Wir können die Frage übergehen, wie Wirtschaftsgeschichte ohne wirtschaftliche Theorie abgehandelt werden kann.)

Jedoch hängt das Interesse des Publikums an den Studien, die als Ökonomik bezeichnet werden, ganz von den Erwartungen ab, dass man etwas über die Vorgehensweisen lernen kann, die für die Erreichung bestimmter Ziele ergriffen werden müssen. Die Studenten, die an den Kursen der Professoren der „Ökonomik" teilnehmen wie auch die Regierung, die „ökonomische" Berater ernennt, sind begierig, Informationen über die Zukunft zu erhalten, nicht über die Vergangenheit. Aber alles, was diese Experten ihnen sagen können, wenn sie sich treu an ihre eigenen erkenntnistheoretischen Prinzipien halten, bezieht sich auf die Vergangenheit.

Um ihren Kunden zu gefallen – den Staatsmännern, Geschäftsmännern und ihren Studenten – haben diese Gelehrten die Lehre vom Trend entwickelt. Sie nehmen an, dass sich Trends, die in der – allzu oft in unpassender Weise *Gegenwart* genannten – Vergangenheit vorherrschten, in der Zukunft fortsetzen werden. Wenn sie den Trend als unerwünscht betrachten, schlagen sie Maßnahmen vor, ihn zu ändern. Wenn sie ihn als wünschenswert erachten, sind sie dazu verführt, ihn für unvermeidlich und unaufhaltsam zu erklären, und ziehen nicht den Tatbestand in Betracht, dass sich Trends, die sich in der Vergangenheit zeigten, ändern können, oft oder fast immer änderten und sogar in unmittelbarer Zukunft ändern können.

7. ENTSCHEIDUNGSFINDUNG

Es gibt Marotten und Moden in der Behandlung wissenschaftlicher Probleme und in der Terminologie der wissenschaftlichen Sprache.

Was die Praxeologie Wählen nennt, soweit es die Wahl der Mittel betrifft, wird heute Entscheidungsfindung genannt. Der Neologismus ist dazu gedacht, die Aufmerksamkeit von dem Tatbestand abzulenken, dass es nicht einfach darauf ankommt, eine Wahl zu treffen, sondern die bestmögliche Wahl. Das bedeutet: in einer solchen Weise zu verfahren, dass weniger dringend erwünschte Ziele nicht befriedigt werden sollen, wenn deren Befriedigung es verhindert, ein dringender erwünschtes Zieles zu erreichen. Im Produktionsprozess, der in der Marktwirtschaft durch gewinnorientierte Unternehmen geleitet wird, wird dies mit der geistigen Hilfe der Wirtschaftsrechnung so weit wie möglich erreicht. In einem autarken, abgeschlossenen sozialistischen System, das nicht auf Wirtschaftsrechnung zurückgreifen kann, ist das Treffen von Entscheidungen über die Mittel ein reines Glücksspiel.

8. BESTÄTIGUNG UND WIDERLEGUNG

In den Naturwissenschaften kann eine Theorie nur aufrechterhalten werden, wenn sie mit den experimentell festgestellten Fakten übereinstimmt. Diese Übereinstimmung wurde bis vor kurzem als Bestätigung betrachtet.

Karl Popper zeigte 1935 in *Logik und Forschung*[42] auf, dass Fakten Theorien nicht bestätigen können; sie können sie nur widerlegen. Deshalb muss eine korrektere Formulierung lauten: Eine Theorie kann nicht aufrechterhalten werden, wenn sie durch die Daten der Erfahrung widerlegt wird. In dieser Weise schränkt die Erfahrung die Verfügungsfreiheit des Wissenschaftlers bei der Theoriebildung ein. Eine Hypothese muss fallengelassen werden, wenn Experimente zeigen, dass sie mit den festgestellten Tatbeständen der Erfahrung nicht zusammenpasst.

Es ist offensichtlich, dass all dies nicht auf die Probleme der Wissenschaft vom menschlichen Handeln angewendet werden kann. Auf diesem Gebiet gibt es keine solchen Dinge wie experimentell festgestellte Fakten. Jede Erfahrung auf diesem Gebiet – es muss immerfort wiederholt werden – ist geschichtliche Erfahrung, das heißt, Erfahrung von komplexen Phänomenen. Eine solche Erfahrung kann niemals etwas erzeugen, das den logischen Charakter dessen hat, was in den Naturwissenschaften „Erfahrungstatsachen" genannt wird.

Wenn man die Terminologie des logischen Positivismus und speziell auch die von Popper akzeptiert, ist eine Theorie oder Hypothese „unwissenschaftlich", wenn sie *im Prinzip* nicht durch Erfahrung widerlegt werden kann. Folglich seien alle apriorischen Theorien, einschließlich Mathematik und Praxeologie „unwissenschaftlich". Das ist nur eine verbale Haarspalterei. Kein ernsthafter Mensch vergeudet seine Zeit mit der Diskussion einer terminologischen Frage. Die Praxeologie und die Ökonomik bewahren sich ihre hervorragende Aussagekraft für das menschliche Leben und Handeln, gleichgültig wie die Leute sie klassifizieren und beschreiben.

Das populäre Ansehen, dessen sich die Naturwissenschaften in unserer Zivilisation erfreuen, ist natürlich nicht auf die nur negative Bedingung gegründet, dass

42 Nun auch in einer englischsprachigen Ausgabe erhältlich: *The Logic of Scientific Discovery*, New York, 1959.

ihre Lehrsätze nicht widerlegt wurden. Es gilt neben den Ergebnissen der Laborexperimente der Tatbestand, dass die Maschinen und alle ihre Bestandteile in Übereinstimmung mit den Lehren der Wissenschaften so funktionieren, wie es aufgrund dieser Lehren vorhergesehen wurde. Die Elektromotoren und -maschinen liefern uns eine Bestätigung der Elektrizitätslehre, auf deren Grundlage ihre Produktion und ihr Betrieb gebaut sind. Ein Philosoph und ein Laie, die in einem Raum sitzen, der durch elektrische Glühbirnen beleuchtet wird, mit einem Telefon ausgestattet ist, von einem elektrischen Ventilator gekühlt wird und von einem elektrischen Staubsauger gereinigt wird, müssen zugeben, dass hinter der Elektrizitätslehre mehr stecken muss als die Tatsache, dass sie bis heute nicht durch Experimente widerlegt wurde.

9. DIE ÜBERPRÜFUNG DER PRAXEOLOGISCHEN LEHRSÄTZE

Der Erkenntnistheoretiker, der seine mühsame Arbeit mit der Analyse der naturwissenschaftlichen Methoden beginnt und dessen Scheuklappen ihn davon abhalten, alles, was über dieses Gebiet hinausgeht, wahrzunehmen, kann uns nur sagen, dass die Naturwissenschaften Naturwissenschaften sind und das, was keine Naturwissenschaft ist, eben keine Naturwissenschaft ist. Über die Wissenschaft vom menschlichen Handeln weiß er nichts, und daher ist alles, was er darüber äußert, unerheblich.

Nicht diese Autoren haben aufgedeckt, dass die Theorien der Praxeologie durch Experimente nicht widerlegt, noch durch die erfolgreiche Anwendung in der Konstruktion verschiedener Geräte bestätigt werden können. Diese Umstände bilden tatsächlich einen Aspekt unseres Problems.

Die positivistische Lehre beinhaltet, dass Natur und Realität ihre eigene Geschichte auf ein weißes Blatt Papier des menschlichen Geistes schreiben, indem sie die

Sinnesdaten liefern, die die Protokollsätze aufzeichnen. Die Art von Erfahrung, auf die sie sich bei der Rede von Bestätigung und Widerlegung beziehen, hängt nach ihrem Glauben in keiner Weise von der logischen Struktur des menschlichen Geistes ab. Sie liefert ein wahrheitsgetreues Bild der Wirklichkeit. Andererseits vermuten sie, dass der Verstand durch Beliebigkeit gekennzeichnet und daher dem Irrtum und der Fehlinterpretation verhaftet sei.

Diese Lehre übersieht nicht nur die Fehlbarkeit unserer Wahrnehmung von Sinnesobjekten; sie erkennt auch nicht, dass die Wahrnehmung mehr ist als nur eine sensorische Erfassung, dass sie ein geistiger Akt ist, der durch den Verstand ausgeführt wird. Dieser Ansicht stimmen sowohl die Assoziations- als auch die Gestaltpsychologie zu. Es gibt keinen Grund, den Operationen, die der Geist beim Bewusstwerden eines äußeren Gegenstands ausführt, einen höheren erkenntnistheoretischen Rang zuzubilligen, als den Operationen des Geistes bei der Beschreibung seiner eigenen Verfahrensweise.

Tatsächlich ist nichts gewisser für den menschlichen Geist als das, was die Kategorien des menschlichen Handels ans Licht gebracht haben. Es gibt kein menschliches Wesen, dem die Absicht fremd ist, durch angemessenes Verhalten eine Situation, die bestehen würde, wenn es nicht eingreift, durch eine andere Situation zu ersetzen. Nur dort, wo gehandelt wird, gibt es Menschen.

Was wir über unsere eigenen Handlungen und über die anderer Menschen wissen, ist bedingt durch unsere Vertrautheit mit den Kategorien des Handelns, die wir einem Prozess der Selbstüberprüfung und Introspektion verdanken, sowie dem Verstehen des Verhaltens anderer Menschen. Diese Einsicht in Frage zu stellen, ist genauso unmöglich, wie den Tatbestand in Frage zu stellen, dass wir leben.

Wer einen praxeologischen Lehrsatz anfechten will, muss ihn Schritt für Schritt zurückverfolgen, bis er zu dem Punkt gelangt, an dem in der Kette der Schlussfolgerungen, die sich aus dem betreffenden Lehrsatz ergibt, ein logischer Irrtum aufgedeckt werden kann. Aber wenn dieser regressive Prozess der Deduktion in einer Kategorie des Handelns endet, ohne ein fehlerhaftes Glied in der Kette der Schlussfolgerungen zu entdecken, ist der Lehrsatz vollkommen bestätigt. Jene Positivisten, die einen solchen Lehrsatz ablehnen, ohne ihn dieser Untersuchung unterzogen zu haben, sind nicht weniger töricht als jene Astronomen des siebzehnten Jahrhunderts, die sich weigerten durch das Fernrohr zu schauen, das ihnen gezeigt hätte, dass Galileo recht hatte und sie sich irrten.

V. ÜBER EINIGE POPULÄRE IRRTÜMER DEN GELTUNGSBEREICH UND DIE METHODEN DER ÖKONOMIK BETREFFEND

1. DAS MÄRCHEN VON DER FORSCHUNG

Die populären Ansichten über die angewandten oder anzuwendenden Methoden der Ökonomik entspringen dem Glauben, dass die Methoden der Naturwissenschaften auch für das Studium des menschlichen Handelns geeignet seien. Dieses Märchen wird durch die Angewohnheit gestützt, Ökonomik mit Wirtschaftsgeschichte zu verwechseln. Ein Historiker kann nur die verfügbaren Aufzeichnungen studieren und analysieren, egal ob er sich mit dem befasst, was allgemein Geschichte genannt wird, oder mit Wirtschaftsgeschichte. Er muss forschen. Obwohl sich die Forschungsaktivitäten eines Historikers erkenntnistheoretisch und methodologisch von denen eines Physikers oder Biologen unterscheiden, kann man für alle die gleiche Bezeichnung verwenden, nämlich Forschung. Forschung ist nicht nur zeitraubend; sie ist auch relativ teuer.

Aber Ökonomik ist nicht Geschichtswissenschaft. Ökonomik ist ein Zweig der Praxeologie, der apriorischen Theorie vom menschlichen Handeln. Der Ökonom gründet seine Theorien nicht auf geschichtliche Forschungen, sondern auf theoretisches Denken wie Logiker oder Mathematiker. Obwohl die Geschichtswissenschaft, so wie alle anderen Wissenschaften, den Hintergrund seiner Untersuchungen bildet, lernt er nicht direkt aus der Geschichte. Im Gegenteil: Es ist die Wirtschaftsgeschichte, die mit Hilfe der Theorien interpretiert werden muss, die durch die Ökonomik entwickelt wurden.

Der Grund ist offensichtlich und wurde schon dargelegt. Die Historiker können niemals Lehrsätze über die Ursachen und Wirkungen aus der Analyse des verfügbaren Materials ableiten. Historische Erfahrung ist keine Laborerfahrung. Sie ist Erfahrung komplexer Phänomene, der Ergebnisse des Zusammenwirkens verschiedener Kräfte.

Das zeigt, warum es falsch ist, zu behaupten, dass „es die Beobachtung ist, aus der sogar die deduktive Ökonomik ihre letzten Prämissen bezieht."[43] Was wir „beobachten" können, sind immer nur komplexe Phänomene. Was uns Geschichte, Beobachtung oder Erfahrung mitteilen können, sind Tatbestände wie der folgende: Während einer bestimmten Periode der Vergangenheit verdiente der Grubenarbeiter Johann in den Kohleminen der Gesellschaft *X* in dem Dorf *Y* den Betrag *p* Dollar für einen Arbeitstag von *n* Stunden. Es gibt keinen Weg, der aus einer Ansammlung solcher und ähnlicher Daten zu einer Theorie über die bestimmenden Faktoren der Lohnhöhe führt.

Es gibt eine Menge vermeintlicher Wirtschaftsforschungsinstitute. Sie sammeln verschiedenes Material, äußern sich in mehr oder weniger willkürlicher Weise über die Geschehnisse, von denen dieses Material handelt, und sind kühn genug, auf der Grundlage dieses Wissens über die Vergangenheit Prognosen abzugeben, die den zukünftigen Wirtschaftslauf betreffen. Sie sehen die Vorhersage der Zukunft als ihre Hauptaufgabe an und nennen die Datenreihen „Werkzeuge". Sie betrachten die Erarbeitung von Handlungsplänen für die Regierung als ihre zentrale Aufgabe und streben die Rolle eines „ökonomischen Generalstabes" an, der dem Oberbefehlshaber der nationalen Wirtschaftskräfte zur Seite steht. In Konkurrenz mit den Forschungsinstituten der Naturwissenschaften um Gelder der Regierung und Stiftungen, nennen sie ihre Büros „Laboratorien" und ihre Methoden „experimentell". Ihre Bestrebungen mögen unter einigen Gesichtspunkten durchaus zu würdigen sein. Aber es handelt sich dabei nicht um Ökonomik, sondern um die Wirtschaftsgeschichte der jüngsten Vergangenheit.

43 John Neville Keynes: *The Scope and Method of Political Economy, London, 1891*, S. 165.

2. DIE UNTERSUCHUNG DER MOTIVE

Die öffentliche Meinung quält sich noch mit dem Versagen der klassischen Ökonomen herum, das Wertproblem in den Griff zu bekommen. Da die klassischen Ökonomen unfähig waren, das scheinbare Wertparadoxon aufzulösen, konnten sie die Kette der Markttransaktionen nicht auf den Konsumenten zurückführen, sondern mussten ihre Schlussfolgerungen bei den Handlungen der Geschäftsmänner beginnen, für die die Bewertungen der Käufer ein gegebenes Faktum sind. Das Verhalten des Geschäftsmannes in seiner Eigenschaft als Händler, der das Publikum bedient, wird angemessen mit der Formel beschrieben: Kaufe am billigsten und verkaufe am teuersten Markt. Der zweite Teil dieser Formel bezieht sich auf das Verhalten der Käufer, deren Bewertungen die Höhe der Preise bestimmen, die sie bereit sind, für die Handelsware zu bezahlen. Über den Prozess, der diese Bewertungen erzeugt, wird nichts gesagt. Sie werden als gegebene Daten angesehen. Wenn man diese allzu sehr vereinfachte Formel akzeptiert, ist gewiss die Unterscheidung möglich zwischen geschäftsmäßigem Verhalten (fälschlich als ökonomisches oder rationales Verhalten bezeichnet) und Verhalten, das durch andere Gesichtspunkte als solche des Geschäfts bestimmt ist (fälschlich als unökonomisches oder irrationales Verhalten bezeichnet). Aber diese Klassifikationsweise ergibt keinen Sinn, wenn wir sie auf das Verhalten der Konsumenten anwenden.

Der Schaden, den solche und ähnliche Unterscheidungsbestrebungen anrichten, liegt darin, dass sie die Ökonomik von der Wirklichkeit entfernen. Die Aufgabe der Ökonomik, wie sie viele Epigonen der klassischen Ökonomen praktizierten, war es nicht, sich mit den Ereignissen, die wirklich geschahen, zu befassen, sondern nur mit Kräften, die in einer nicht klar definierten Weise etwas zum Auftreten dessen, was wirklich geschah, beitrugen. Die Ökonomen strebten nicht tatsächlich danach, die Bildung der Marktpreise zu erklären, sondern nach der Beschreibung von etwas, das zusammen mit anderen Faktoren eine gewisse, nicht klar definierte Rolle in diesem Prozess spielte. Sie befassten sich gewissermaßen nicht mit wirklichen Lebewesen, sondern mit einem Phantom, dem „ökonomischen Menschen", einem Geschöpf, das sich wesentlich vom wirklichen Menschen unterscheidet.

Die Absurdität dieser Lehre wird deutlich, sobald die Frage aufgeworfen wird, worin sich dieser ökonomische Mensch vom wirklichen unterscheidet. Er wird als ein perfekter Egoist betrachtet, als allwissend und als ausschließlich darauf aus, mehr und mehr Reichtum anzuhäufen. Es ergibt aber keinen Unterschied bei der Bestimmung der Marktpreise, ob ein „egoistischer" Käufer kauft, weil er sich selbst an dem erfreuen will, was er kauft, oder ob ein „altruistischer" Käufer aus anderen Gründen kauft, zum Beispiel, um einer wohltätigen Einrichtung ein Geschenk zu machen. Es ergibt auch keinen Unterschied auf dem Markt, ob der Konsument bei seinen Käufen von Meinungen geleitet wird, die ein unbeteiligter Beobachter als wahr oder falsch ansieht. Er kauft, weil er glaubt, dass es ihn mehr befriedigen wird, die in Frage kommende Handelsware zu erwerben, als das Geld zu behalten oder es für etwas anderes auszugeben. Ob er danach strebt, Reichtum anzuhäufen oder nicht, immer strebt er danach das zu erwerben, was ihn seiner Meinung nach am ehesten zufriedenstellen wird.

Es gibt nur ein Motiv, das alle Handlungen aller Menschen bestimmt; nämlich, direkt oder indirekt, so weit wie möglich gefühlte Unzufriedenheit zu beseitigen. In der Verfolgung dieses Ziels werden die Menschen von der ganzen Zerbrechlichkeit und Schwäche der menschlichen Existenz berührt. Was den wirklichen Lauf der Geschehnisse bestimmt, die Bildung der Preise und aller anderen Phänomene, die gewöhnlich wirtschaftliche genannt werden, ebenso wie alle anderen Geschehnisse der menschlichen Geschichte, sind die Einstellungen dieser fehlbaren Menschen und die Folgen ihrer Handlungen, die Irrtümern unterliegen können. Der Zugang der modernen Grenznutzenökonomik zeichnet sich dadurch aus, diesem Umstand volle Aufmerksamkeit zu schenken. Sie befasst sich nicht mit den Handlungen eines Idealmenschen, der sich wesentlich vom wirklichen Menschen unterscheidet, sondern mit den Entscheidungen all jener, die an der arbeitsteiligen gesellschaftlichen Zusammenarbeit teilnehmen.

Die Ökonomik, sagen viele ihrer Kritiker, nimmt an, dass sich jeder in all seinen Handlungen in vollkommen „rationaler" Weise verhält und ausschließlich nach dem höchstmöglichen Gewinn strebt, wie die Spekulanten, die an den Börsen kaufen und verkaufen. Aber der wirkliche Mensch sei anders, versichern sie. Er strebt auch nach anderen Zielen als dem materiellen Vorteil, der in Geldeinheiten ausgedrückt werden kann.

Dieses populäre Argument enthält ein ganzes Bündel von Irrtümern und Missverständnissen. Der Mensch, der an der Börse tätig ist, wird in seinen Handlungen nur durch eine Absicht getrieben, nämlich seine eigenes Vermögen zu vergrößern. Aber genau dieselbe Absicht beflügelt die Erwerbstätigkeit aller anderen Leute. Der Bauer will seine Ernte zum höchsten Preis, den er erhalten kann, verkaufen, und der Lohnarbeiter ist darauf aus, seine Leistung zum höchstmöglichen Preis zu verkaufen. Der Tatbestand, dass der Verkäufer von Waren oder Dienstleistungen beim Vergleich der Entschädigung, die ihm angeboten wird, nicht nur das, was er in Geldeinheiten bekommt, sondern auch alle anderen damit verbundenen Nutzen, in Betracht zieht, steht in voller Übereinstimmung mit seinem in dieser Beschreibung charakterisierten Verhalten.

Die besonderen Ziele, nach denen die Menschen mit ihren Handlungen streben, sind sehr verschieden und ändern sich fortwährend. Aber alles Handeln wird unveränderlich durch ein einziges Motiv bewirkt, nämlich eine Situation herbeizuführen, die der Handelnde jener gegenüber vorzieht, die ohne sein Handeln fortbestehen würde.

3. THEORIE UND PRAXIS

Eine populäre Meinung sieht in der Ökonomik die Wissenschaft des Geschäftsverkehrs. Sie nimmt an, dass sich die Ökonomik im selben Verhältnis zu den Aktivitäten eines Geschäftsmannes verhält wie die technischen Disziplinen, die an Schulen gelehrt und in Büchern dargelegt werden, zu den Tätigkeiten der Mechaniker, Ingenieure und Handwerker. Der Geschäftsmann ist der Umsetzer von Dingen, über die der Ökonom nur spricht und schreibt. Daher hat ein Geschäftsmann in seiner Funktion als Praktiker ein besser fundiertes Wissen und realistischere Kenntnisse – Insiderinformationen – über die Probleme der Ökonomik als der Theoretiker, der die Handelsgeschäfte nur von außen beobachtet. Die beste Methode für einen Theoretiker, um etwas über die wirklichen Verhältnisse zu lernen, ist, dem zu lauschen, was die Praktiker sagen.

Doch bei der Ökonomik geht es nicht speziell um Unternehmertätigkeit; sie befasst sich mit allen Marktphänomenen und all deren Aspekten, nicht nur mit den Aktivitäten der Geschäftsleute. Das Verhalten der Konsumenten – also von jedermann – ist um nichts weniger Thema der ökonomischen Untersuchungen. Der Geschäftsmann ist, in seiner Funktion als Geschäftsmann, nicht näher als irgendjemand sonst mit dem Prozess, der die Marktphänomene erzeugt, verbunden oder in ihn einbezogen. Die Stellung des Ökonomen in Bezug auf seinen Untersuchungsgegenstand kann nicht mit der eines Autors von Büchern über Technik im Verhältnis zum praktischen Ingenieur oder Arbeiter verglichen werden, sondern eher mit der eines Biologen im Verhältnis zu Lebewesen – einschließlich des Menschen –, dessen Lebensfunktionen er zu beschreiben versucht. Nicht die Leute, die am besten sehen, sind die Experten der Augenheilkunde, sondern die Ophthamologen, sogar dann, wenn sie kurzsichtig sind.

Es ist ein historisches Faktum, dass einige Geschäftsleute, unter ihnen vor allem David Ricardo, hervorragende Beiträge zur ökonomischen Theorie geliefert haben. Es gibt aber andere bedeutende Ökonomen, die „bloß" Theoretiker waren. Was an dem Fach verkehrt ist, das heutzutage an den meisten Universitäten unter der irreführenden Bezeichnung Ökonomik gelehrt wird, ist nicht, dass die Lehrer und die Autoren der Lehrbücher nicht selbst Geschäftsmänner sind oder in ihren Wirtschaftsunternehmen scheiterten. Der Fehler liegt in ihrer Unwissenheit über die Ökonomik und in ihrer Unfähigkeit, logisch zu denken.

Der Ökonom beschäftigt sich – wie der Biologe und Psychologe – mit Dingen, die in jedem Menschen gegenwärtig und wirksam sind. Dies unterscheidet sein Werk von dem des Ethnologen, der die Sitten und Gebräuche von primitiven Stämmen aufzeichnen will. Der Ökonom muss nirgends hingehen; er kann, trotz allem Spott, wie der Logiker und der Mathematiker seine Aufgabe in einem Lehnstuhl erfüllen. Was ihn von anderen Leuten unterscheidet, ist nicht die esoterische Möglichkeit, sich mit einigen besonderen Materien zu befassen, die anderen nicht zugänglich sind, sondern die Art, wie er die Dinge ansieht und in ihnen Aspekte entdeckt, die andere Leute nicht bemerken. Das war es, was Philip Wicksteed meinte, als er für seine größte Untersuchung ein Motto aus Goethes Faust wählte: Das menschliche Leben – Ein jeder lebt's, nicht vielen ist's bekannt.

4. DIE FALLEN DER HYPOSTASIERUNG

Der übelste Feind des klaren Denkens ist die Neigung zur Hypostasierung: mentalen Konstrukten oder Konzepten eine Substanz oder wirkliche Existenz zuzuschreiben.

In der Wissenschaft vom menschlichen Handeln ist der offensichtlichste Fall dieses Irrtums die Art, in der der Begriff *Gesellschaft* von den verschiedenen Schulen der Pseudowissenschaft verwendet wird. Es schadet nicht, diesen Begriff zur Kennzeichnung der Zusammenarbeit von Individuen zu verwenden, die im Bestreben geeint sind, bestimmte Ziele zu erreichen. Es ist ein bestimmter

Aspekt der Handlungen verschiedener Individuen, der das bildet, was Gesellschaft oder „große Gesellschaft" genannt wird. Doch die Gesellschaft ist weder eine Substanz noch eine Macht noch ein handelndes Wesen. Nur Individuen handeln. Einige der Handlungen von Individuen werden durch die Absicht geleitet, mit anderen zusammenzuarbeiten. Die Zusammenarbeit von Individuen führt eine Situation herbei, die das Konzept Gesellschaft beschreibt. Die Gesellschaft existiert nicht unabhängig vom Denken und Handeln der Menschen. Sie hat keine „Interessen" und strebt nicht nach etwas. Das gleiche gilt für alle anderen Kollektive.

Die Hypostasierung ist nicht nur ein erkenntnistheoretischer Fehler, der die Suche nach Erkenntnis in die Irre führt. In den sogenannten Sozialwissenschaften dient sie oft konkreten politischen Absichten, die für das Kollektiv eine höhere Würde als für das Individuum einfordern oder sogar nur dem Kollektiv eine wirkliche Existenz zuschreiben und die Existenz des Individuums leugnen, sie eine bloße Abstraktion nennen.

Die Kollektivisten sind untereinander hinsichtlich der Wertschätzung für die jeweils verschiedenen kollektivistischen Konstrukte zerstritten. Sie beanspruchen für das eine Kollektiv eine höhere Realität und moralische Würde als für ein anderes; die Radikaleren gehen sogar soweit, die Existenz und moralische Würde der kollektivistischen Konstrukte anderer Menschen zu leugnen. So betrachten die Nationalisten die „Nation" als das einzig wahre Kollektiv, dem allein alle Individuen, die sie als Zugehörige ansehen, zur Treue verpflichtet seien, und stempeln alle anderen Kollektive – beispielsweise die Religionsgemeinschaften – als untergeordnet ab. Die Erkenntnistheorie muss sich jedoch nicht mit den daraus hervorgehenden politischen Kontroversen befassen.

Wenn man Kollektiven die Perseität, d.h. die unabhängige Existenz aus sich selbst, abspricht, leugnet man keineswegs die Realität der Folgen, die durch die Zusammenarbeit der Individuen entstehen. Man stellt nur fest, dass

Kollektive durch das Denken und Handeln der Individuen entstehen und dass sie verschwinden, wenn die Individuen eine andere Art des Denkens und Handelns übernehmen. Die Gedanken und Handlungen eines bestimmten Individuums entscheiden über das Auftreten nicht nur eines, sondern mehrerer Kollektive. So können beispielsweise verschiedene Einstellungen desselben Individuums zur Bildung der Kollektive Nation, Religionsgemeinschaft, Partei und so weiter dienen. Andererseits kann ein Mensch, ohne seine Zugehörigkeit zu einem bestimmten Kollektiv vollkommen aufzugeben, gelegentlich oder sogar in der Regel sich bei einigen seiner Aktivitäten in einer Weise verhalten, die mit der Beibehaltung der Mitgliedschaft unverträglich ist. So kam es in der jüngsten Vergangenheit bei verschiedenen Nationen beispielsweise vor, dass praktizierende Katholiken ihre Stimme zugunsten von Kandidaten abgaben, die offen ihre Feindschaft gegen die politischen Bestrebungen der Kirche erklärten und ihre Dogmen als Märchen verspotteten.

Bei der Behandlung von Kollektiven muss der Historiker darauf Acht geben, bis zu welchem Grad die verschiedenen Ideen der Zusammenarbeit das Denken und die Handlungen ihrer Mitglieder bestimmen. So muss er bei der Behandlung der Geschichte des italienischen Risorgimento untersuchen, in welchem Ausmaß und in welcher Weise jeweils die Idee eines italienischen Nationalstaates bzw. die Idee eines säkularen päpstlichen Staates die Haltungen der verschiedenen Individuen und Gruppen beeinflusste, deren Verhalten Gegenstand seiner Studien sind.

Die politischen und ideologischen Bedingungen im Deutschland seiner Tage veranlassten Marx dazu, bei der Verkündung seines Programms der Nationalisierung der Produktionsmittel, den Begriff „Gesellschaft" anstelle des Begriffs „Staat" zu verwenden, der im Deutschen gleichbedeutend mit dem Begriff „Nation" ist. Die sozialistische Propaganda verlieh dem Begriff „Gesellschaft" und dem Adjektiv „sozial" eine Aura der Heiligkeit, die sich in dem quasi-religiösen Ansehen zeigt, das die „Sozialfürsorge", d.i. die Organisation der Verteilung von Almosen und ähnliche Aktivitäten, genießt.

5. ÜBER DIE ABLEHNUNG DES METHODOLOGISCHEN INDIVIDUALISMUS

Über das menschliche Handeln kann keine stimmige Aussage getroffen werden, ohne sich darauf zu beziehen, wonach die handelnden Individuen streben und was sie als Erfolg und Misserfolg betrachten, als Gewinn und Verlust. Wenn wir die Handlungen von Individuen untersuchen, lernen wir alles über das Handeln, was gelernt werden kann, da es, soweit wir sehen können, im Universum keine anderen Entitäten oder Lebewesen gibt, die unzufrieden mit der Situation, die ohne ihr Eingreifen vorherrschen würde, darauf aus sind, die Bedingungen durch Handeln zu verbessern. Bei der Untersuchung des Handelns werden uns die Kraft des Menschen und seine Grenzen bewusst. Der Mensch besitzt keine Allmacht und kann niemals eine Lage der vollkommenen und andauernden Befriedigung erreichen. Er kann nur mit Hilfe geeigneter Mittel eine Lage mit größerer Unzufriedenheit durch eine Lage mit geringerer Unzufriedenheit ersetzen.

Bei der Untersuchung der Handlungen von Individuen lernen wir auch alles über die Kollektive und die Gesellschaft. Denn das Kollektiv hat keine Existenz und Realität außer in den Handlungen der Individuen. Es kommt ins Dasein durch Ideen, die die Individuen dazu bewegen, sich als Mitglieder einer bestimmten Gruppe zu verhalten und verschwindet aus dem Dasein, wenn die Überzeugungskraft dieser Ideen schwindet. Der einzige Weg zur Erkenntnis von Kollektiven ist die Analyse des Verhaltens ihrer Mitglieder.

Es ist dem nichts hinzuzufügen, was schon durch die Praxeologie und Ökonomik gesagt wurde, um den methodologischen Individualismus zu rechtfertigen und den

Mythos des methodologischen Kollektivismus zurückzuweisen.[44] Sogar die fanatischsten Verfechter des Kollektivismus beschäftigen sich mit den Handlungen der Individuen, während sie behaupten, sich mit den Handlungen der Kollektive zu beschäftigen. Die Statistik registriert nicht die Ereignisse, die in Kollektiven oder mit ihnen geschahen. Sie zeichnet das auf, was mit Individuen geschah, die bestimmte Gruppen bildeten. Das Kriterium, das die Bildung dieser Gruppen bestimmt, ist ein bestimmtes Charakteristikum der Individuen. Das erste, was beim Sprechen über eine gesellschaftliche Entität festgelegt werden muss, ist eine klare Definition dessen, was logisch die Zuordnung eines Individuums als Mitglied dieser Gruppe rechtfertigt oder nicht.

Das gilt auch im Hinblick auf solche Gruppen, die scheinbar durch „materielle Umstände und Realitäten" und nicht „bloß" durch ideologische Faktoren gebildet werden, beispielsweise die Gruppen von Menschen, die von den gleichen Vorfahren abstammen oder solche Menschen, die im gleichen geographischen Gebiet leben. Es ist weder „natürlich" noch „notwendig", dass die Mitglieder derselben Rasse oder die Einwohner desselben Landes miteinander enger zusammenarbeiten als mit den Mitgliedern anderer Rassen oder den Einwohnern anderer Länder. Die Ideen der Rassensolidarität und des Rassenhasses sind nicht weniger Ideen als andere, und nur, wo sie durch die Individuen akzeptiert werden, führen sie zu entsprechenden Handlungen. Auch der primitive Stamm von Wilden wird als eine handelnde Einheit – als eine Gesellschaft – durch den Tatbestand zusammengehalten, dass seine Mitglieder von der Idee durchdrungen sind, dass die Treue zum Clan der richtige oder sogar der einzig mögliche Weg für sie ist, miteinander umzugehen. Es ist wahr, dass diese primitive Ideologie seit Tausenden von Jahren nicht ernsthaft bestritten wurde. Aber der Tatbestand, dass eine

44 Siehe besonders Mises: *Human Action*, S. 41–44 und 145–153, und *Theorie und Geschichte*, S. 259 ff.

Ideologie das Denken der Leute für eine sehr lange Zeit beherrscht, ändert ihren praxeologischen Charakter nicht. Auch andere Ideologien erfreuten sich einer beträchtlichen Langlebigkeit, beispielsweise das monarchistische Prinzip der Herrschaft.

Die Ablehnung des methodologischen Individualismus impliziert die Annahme, dass menschliches Verhalten durch mysteriöse Kräfte geleitet wird, die sich jeder Analyse und Beschreibung entziehen. Denn, wenn man erkennt, dass es Ideen sind, die das Handeln in Bewegung setzen, muss man zugeben, dass diese Ideen den Köpfen einiger Individuen entspringen und anderen Individuen übermittelt werden. Aber dann hat man die grundlegende These des methodologischen Individualismus akzeptiert, nämlich dass die Ideen, denen die Individuen anhängen, ihre Gruppenzugehörigkeit bestimmen, und ein Kollektiv erscheint nicht länger als eine Einheit, die aus eigenem Antrieb und auf eigene Initiative handelt.

Alle zwischenmenschlichen Beziehungen entspringen Ideen, und das Verhalten der Individuen wird durch diese Ideen geleitet. Der Despot herrscht, weil seine Untertanen ihm lieber gehorchen, als ihm offen Widerstand zu leisten. Die Sklavenhalter sind in der Lage, Sklaven zu behandeln, als ob sie Vieh wären, weil die Sklaven wohl oder übel bereit sind, sich seinen Anmaßungen zu fügen. Es ist ein ideologischer Wandel, der in unserer Zeit die Autorität der Eltern, der Lehrer und des Klerus schwächt und sie völlig aufzulösen droht.

Die Bedeutung des philosophischen Individualismus wurde von den Vorboten des Kollektivismus in bedauerlicher Weise fehlinterpretiert. In ihren Augen besteht das Dilemma darin, ob die Belange – die Interessen – der Individuen vor denen der – willkürlich gewählten – Kollektive Vorrang haben sollen oder nicht. Doch hat die erkenntnistheoretische Kontroverse zwischen Individualismus und Kollektivismus keinen Bezug zu dieser rein politischen Frage. Der Individualismus als ein Prinzip der philosophischen, praxeologischen und historischen Analyse des menschlichen Handelns bedeutet die Feststellung der Tatbestände, dass alle Handlungen auf Individuen zurückgeführt werden können und dass keine wissenschaftliche Methode erfolgreich bestimmen kann, wie konkrete äußere Geschehnisse, die durch naturwissenschaftliche Methoden beschrieben werden können, im menschlichen Geist konkrete Ideen, Werturteile und ein konkretes Wollen erzeugen. In diesem Sinne ist das Individuum, das nicht weiter in Komponenten unterteilt werden kann, der Ausgangspunkt und die letzte Gegebenheit aller Bemühungen, die sich mit menschlichem Handeln befassen.

Die kollektivistische Methode ist anthropomorphisch, da sie es als gegeben annimmt, dass alle Konzepte individuellen Handelns auf Kollektive angewandt werden können. Sie sieht nicht, dass alle Kollektive das Produkt einer bestimmten Art des Handelns von Individuen sind; sie sind der Spross von Ideen, die das Verhalten von Individuen bestimmen.

6. DER ANSATZ DER MAKROÖKONOMIK

Jene Autoren, die glauben, dass sie in ihrer Analyse der Marktwirtschaft einen holistischen, sozialen, universalistischen, institutionellen oder makroökonomischen Ansatz verfolgen anstelle dessen, was sie als den falschen individualistischen Ansatz verachten, täuschen sich selbst und ihr Publikum. Denn jede Argumentation, die sich auf das Handeln bezieht, muss sich mit Bewertungen und mit dem Streben nach bestimmten Zielen befassen, da es kein Handeln gibt, das nicht auf finale Gründe ausgerichtet ist. Es ist möglich, die Bedingungen zu analysieren, die in einem sozialistischen System vorherrschen würden, in dem nur der höchste Zar alle Aktivitäten bestimmt und alle anderen Individuen ihre eigene Persönlichkeit zurücknehmen und sich selbst gewissermaßen in reine Werkzeuge in den Händen des handelnden Zaren verwandeln. Für die Theorie des reinen Sozialismus kann es genügen, nur die Wertungen und Handlungen des höchsten Zaren zu betrachten. Aber wenn man sich mit einem System befasst, in dem das Streben nach bestimmten Zielen die Handlungen von mehr als einem Menschen leitet und beeinflusst, kommt man nicht umhin, die Auswirkungen des Handelns bis zu dem Punkt zurückzuführen, über den hinaus keine Handlungsanalyse mehr führt, nämlich zu den Werturteilen der Individuen und zu den Zielen, die sie anstreben.

Der makroökonomische Ansatz betrachtet ein willkürlich gewähltes Segment einer Marktwirtschaft (in der Regel eine Nation), als ob es eine homogene Einheit wäre. Alles, was sich in diesem Segment ereignet, sind Handlungen von Individuen und Gruppen von Individuen, die in Eintracht miteinander handeln. Aber die Makroökonomik verfährt, als ob diese individuellen Handlungen tatsächlich die Folge des wechselseitigen Wirkens einer makroökonomischen Größe mit einer anderen solchen Größe wäre.

Diese Unterscheidung zwischen Makroökonomik und Mikroökonomik ist, in terminologischer Hinsicht, eine Nachbildung der Unterscheidung der modernen Physik zwischen Atomphysik und Molekularphysik, wobei sich letztere mit Systemen einer Größenordnung befasst, die für die groben Sinne des Menschen wahrnehmbar ist. Diese Unterscheidung impliziert, dass idealerweise die atomaren Gesetze allein genügen, um das ganze Gebiet der Physik abzudecken, und die molekularen Gesetze nur eine gängige Anwendung der atomaren Gesetze auf ein besonderes, aber häufig vorkommendes Problem sind. Das molekulare Gesetz erscheint als eine kondensierte und bereinigte Version des atomaren Gesetzes.[45] Somit wird die Entwicklung, die von der makroskopischen zur mikroskopischen Physik geführt hat, als ein Fortschritt von einer weniger befriedigenden zu einer befriedigenderen Methode in der Behandlung der Phänomene der Wirklichkeit angesehen. Was die Autoren im Sinn haben, die die Unterscheidung zwischen

45 A. Eddington: *The Philosophy of Physical Science,* New York and Cambridge, 1939, S. 28 ff.

Makroökonomik und Mikroökonomik bei der Abhandlung ökonomischer Probleme in die Terminologie einführten, ist das genaue Gegenteil. Ihre Lehre impliziert, dass die Mikroökonomik eine unbefriedigende Untersuchungsweise der betreffenden Probleme ist, und dass die Ersetzung der Mikroökonomik durch die Makroökonomik der Beseitigung einer unbefriedigenden Methode durch die Übernahme einer befriedigenderen Methode entspricht.

Die Makroökonomen betrügen sich selbst, wenn sie in ihren Argumenten Geldpreise verwenden, die auf dem Markt von einzelnen Käufern und Verkäufern bestimmt werden. Ein konsistenter makroökonomischer Ansatz müsste jeden Bezug zu Preisen und Geld vermeiden. Die Marktwirtschaft ist ein Gesellschaftssystem, in dem Individuen handeln. Die Bewertungen der Individuen, die sich in den Marktpreisen bekunden, bestimmen den Kurs aller Produktionstätigkeiten. Wenn jemand der Wirklichkeit der Marktwirtschaft das Bild eines ganzheitlichen Systems entgegensetzen will, muss er auf die Verwendung der Preise verzichten.

Verdeutlichen wir einen Aspekt der Irrtümer der makroökonomischen Methode durch eine Analyse eines ihrer populärsten Schemata, der Ansatz des sogenannten Nationaleinkommens.

Einkommen ist ein Konzept der Buchhaltungsmethoden der gewinnorientierten Wirtschaft. Der Geschäftsmann dient den Konsumenten, um Gewinn zu erzielen. Er führt Buch, um herauszufinden, ob dieses Ziel erreicht wurde oder nicht. Er (und genauso Kapitalisten – Investoren, die nicht selbst aktiv im Geschäft sind – und natürlich auch Bauern und Eigentümer aller Arten von Grundstücken) vergleicht den Geldwert aller Güter, die im Unternehmen eingesetzt sind, zu zwei verschiedenen Zeitpunkten und lernt so, welches Ergebnis seine Transaktionen zwischen diesen beiden Zeitpunkten erzielt haben. Aus einer solchen Berechnung entsteht das Konzept von Gewinn und Verlust im Gegensatz zu dem des Kapitals. Wenn der Eigner der Ausrüstung, auf das sich diese Buchführung bezieht, den

Profit, den er erzielt hat, „Einkommen“ nennt, meint er damit: Wenn ich das ganze davon konsumiere, verringere ich nicht das investierte Kapital im Unternehmen.

Die modernen Steuergesetze nennen „Einkommen“ nicht nur das, was der Buchführende als den Gewinn betrachtet, der mit einer bestimmten Geschäftseinheit erzielt wurde, und was der Eigner dieser Einheit als das Einkommen betrachtet, das er aus der Tätigkeit dieser Einheit erzielt hat, sondern auch die Nettoverdienste der berufstätigen Leute und die Gehälter und Löhne der Beschäftigten. Wenn man für die ganze Nation zusammenrechnet, was im Sinne der Buchführung Einkommen ist und was lediglich im Sinne der Steuergesetze Einkommen ist, erhält man die Zahl, die „Nationaleinkommen“ genannt wird.

Dass dieses Konzept eines Nationaleinkommens trügt, kann nicht nur in seiner Abhängigkeit von den Veränderungen der Kaufkraft des Geldes gesehen werden. Je mehr die Inflation voranschreitet, desto höher wird das Nationaleinkommen. In einem Wirtschaftssystem, in dem es kein Anwachsen der Geld- und Kreditmenge gibt, würde eine fortschreitende Akkumulation von Kapital und die Verbesserung der technischen Produktionsmethoden, die sich daraus ergibt, zu einem fortwährenden Fallen der Preise führen, oder, was dasselbe ist, einem Anwachsen der Kaufkraft des Geldes. Die dem Konsum zur Verfügung stehende Menge an Gütern und dadurch der durchschnittliche Lebensstandard würden steigen, aber diese Veränderungen würden nicht in der Statistik des Nationaleinkommens sichtbar werden.

Das Nationaleinkommen blendet vollkommen die wirklichen Produktionsbedingungen in einer Marktwirtschaft aus. Es impliziert die Idee, dass es nicht die Handlungen der Individuen sind, die diese Verbesserung (oder Verschlechterung) der Menge an verfügbaren Gütern bewirken, sondern etwas, das oberhalb und außerhalb dieser Aktivitäten liegt. Dieses mysteriöse Etwas produziert eine Quantität, die „Nationaleinkommen“ genannt wird, und „verteilt“ dann diese Quantität an die verschiedenen Individuen in einem zweiten Prozess. Die politische Bedeutung dieser Methode ist offensichtlich. Man kritisiert die „Ungleichheit", die bei der „Verteilung" des Nationaleinkommens vorherrscht. Man tabuisiert die Frage, was das Nationaleinkommen steigen oder fallen lässt und impliziert, dass es in den Beiträgen und Leistungen der Individuen, die die Gesamtmenge des Nationaleinkommens erzeugen, keine Ungleichheit gibt.

Wenn man die Frage aufwirft, welche Faktoren das Nationaleinkommen steigen lassen, gibt es nur eine Antwort: einerseits die Verbesserung der Ausrüstung, die in der Produktion eingesetzten Werkzeuge und Maschinen, und andererseits die Verbesserung in der Verwendung der verfügbaren Ausrüstung zur bestmöglichen Befriedigung der menschlichen Wünsche. Das erstere ist das Ergebnis des Sparens und der Kapitalakkumulation, das letztere das der technischen Geschicklichkeit und der unternehmerischen Aktivitäten. Wenn man ein (nicht durch Inflation erzeugtes) Anwachsen des Nationaleinkommens wirtschaftlichen Fortschritt nennt, kommt man nicht umhin, anzuerkennen, dass wirtschaftlicher Fortschritt die Frucht der Bemühungen der Sparer, der Investoren und der Unternehmer ist. Was eine vorurteilsfreie Analyse des Nationaleinkommens zeigen würde, ist zuerst die offensichtliche Ungleichheit der Beiträge der verschiedenen Individuen zum Aufkommen der Größe, die Nationaleinkommen genannt wird. Sie würde weiterhin zeigen müssen, wie das Anwachsen der Pro-Kopf-Quote des eingesetzten Kapitals und die Verbesserung der technischen und unternehmerischen Aktivitäten – durch Anheben der Grenzproduktivität der Arbeit und dadurch der Lohnraten und durch Anheben der Preise, die für die Nutzung der Naturressourcen gezahlt werden – auch jenen Klassen von Individuen zugute kommen, die selbst nichts zur Verbesserung der Bedingungen und dem Wachsen des „Nationaleinkommens" beigetragen haben.

Der Ansatz des „Nationaleinkommens" ist ein vergeblicher Versuch, eine Rechtfertigung für die marxistische Idee zu liefern, dass im Kapitalismus Güter „gesellschaftlich" produziert werden und dann von Individuen „angeeignet" werden. Dies stellt die Dinge auf den Kopf. In Wirklichkeit sind die Produktionsprozesse Aktivitäten von Individuen, die miteinander zusammenarbeiten. Jeder einzelne Mitwirkende erhält das, was seine Mitbürger – die untereinander als Käufer auf dem Markt konkurrieren – bereit sind, für seine Leistungen zu bezahlen. Um des Arguments willen kann man zulassen, das Resultat, das man erhält, wenn man alle bezahlten Preise für alle individuellen Beiträge addiert, Nationaleinkommen zu nennen. Es ist aber eine sinnlose Ablenkung, daraus zu schließen, dass diese Summe durch die „Nation" produziert wurde und – unter Vernachlässigung der Ungleichheit der verschiedenen individuellen Beiträge – die Ungleichheit in ihrer mutmaßlichen Verteilung zu beklagen.

Es gibt überhaupt keinen nicht-politischen Grund, eine solche Aufsummierung aller Einkommen innerhalb einer „Nation" und nicht in einem breiteren oder engeren Kollektiv vorzunehmen. Warum Nationaleinkommen der Vereinigten Staaten und nicht lieber „Staatseinkommen" des Staates New York oder „*County*einkommen" von Westchester County oder „Stadteinkommen" der Stadt White Plains? Alle Argumente, die zugunsten des Vorzugs des Konzepts des „Nationaleinkommens" der Vereinigten Staaten gegen das Einkommen irgendeines dieser kleineren Gebiete vorgetragen werden, können auch zugunsten des Vorzugs des kontinentalen Einkommens aller Teile des amerikanischen Kontinents oder sogar des „Welteinkommens" und gegen das Nationaleinkommen der Vereinigten Staaten vorgetragen werden. Es ist nur politisches Interesse, das die Wahl der Vereinigten Staaten als Einheit plausibel erscheinen lässt. Diejenigen, die für diese Entscheidung verantwortlich sind, kritisieren das, was sie die Ungleichheit der individuellen Einkommen innerhalb der Vereinigten Staaten – oder innerhalb des Gebietes einer anderen souveränen Nation – nennen und streben nach mehr Gleichheit der Einkommen der Bürger ihrer eigenen

Nation. Sie sind aber weder für eine weltweite Angleichung der Einkommen noch für eine Angleichung innerhalb der verschiedenen Staaten, die die Vereinigten Staaten bilden, oder ihrer Verwaltungseinheiten. Man kann ihren politischen Zielen zustimmen oder nicht. Aber man kann nicht bestreiten, dass das makroökonomische Konzept des Nationaleinkommens nur eine politische Losung ist, die jeden Erkenntniswert entbehrt.

7. WIRKLICHKEIT UND SPIEL

Die natürlichen Lebensbedingungen bürdeten den nichtmenschlichen Vorgängern des Menschen die Notwendigkeit des gnadenlosen Kampfes gegeneinander bis zum Tod auf. In den tierischen Charakter des Menschen ist der Aggressionsimpuls eingeschrieben, der Trieb, all jene zu vernichten, die mit ihm im Bestreben konkurrieren, einen genügenden Anteil an den knappen Lebensmitteln zu erhaschen, die nicht für das Überleben aller Geborenen ausreichen. Nur für die starken Tiere gab es eine Chance, am Leben zu bleiben.

Was den Menschen von den Tieren unterscheidet, ist die Ersetzung der tödlichen Feindschaft durch gesellschaftliche Zusammenarbeit. Der angeborene Aggressionsinstinkt wird unterdrückt, damit er nicht die gemeinsamen Bestrebungen zersetzt, das Leben zu erhalten und es durch die Versorgung bestimmter menschlicher Wünsche zufriedenstellender zu gestalten. Um die unterdrückten, aber nicht völlig erloschenen Antriebe zu Gewaltakten zu beruhigen, wurde zu Kriegstänzen und -spielen gegriffen. Was einst bitterernst war, wurde nun zur sportlichen Wiederholung der Vergangenheit. Das Turnier sieht aus wie ein Kampf, es ist aber nur ein Schauspiel. Alle Bewegungen der Spieler sind streng vorgeschrieben durch Spielregeln. Der Sieg besteht nicht in der Vernichtung der anderen Spieler, sondern im Erzielen einer Situation, die die Regeln zum Erfolg erklären. Spiele sind keine Wirklichkeit, sondern nur

Spiele. Sie sind das Ventil der zivilisierten Menschen für ihren tief innewohnenden Instinkt der Feindschaft. Wenn die Spiele zu Ende sind, schütteln sich die Sieger und die Besiegten die Hände und kehren in die Wirklichkeit ihres gesellschaftlichen Lebens zurück, das aus Zusammenarbeit und nicht aus Kampf besteht.

Man kann das Wesen der gesellschaftlichen Zusammenarbeit und der wirtschaftlichen Bestrebungen der zivilisierten Menschheit kaum grundlegender fehlinterpretieren, als sie für einen Kampf oder für die spielerische Wiederholung des Kampfes, für ein Spiel zu halten. In der gesellschaftlichen Zusammenarbeit dient jeder den Interessen seiner Mitmenschen, indem er seinen eigenen Interessen dient. Getrieben durch den Drang, seine eigenen Lebensbedingungen zu verbessern, verbessert jeder die Lebensbedingungen der anderen Menschen. Der Bäcker schädigt nicht jene, für die er Brot backt; er dient ihnen. Alle Menschen wären geschädigt, wenn der Bäcker die Herstellung von Brot beenden und der Arzt nicht länger die Kranken besuchen würde. Der Schuhmacher verfolgt keine „Strategie“, um seine Kunden dadurch zu besiegen, dass er sie mit Schuhen versorgt. Der Marktwettbewerb darf nicht mit der gnadenlosen biologischen Konkurrenz verwechselt werden, die zwischen Tieren und Pflanzen herrscht, oder mit den Kriegen zwischen – unglücklicherweise noch nicht ganz – zivilisierten Nationen. Katallaktischer Wettbewerb auf dem Markt zielt darauf, jedem Einzelnen diejenige Aufgabe im Gesellschaftssystem zuzuweisen, mit der er all seinen Mitmenschen auf die wertvollste Weise, die ihm möglich ist, dienen kann.

Es gab immer Menschen, die emotional ungeeignet waren, die grundlegenden Prinzipien der Zusammenarbeit im System der Arbeitsteilung zu begreifen. Wir können ihre Schwäche thymologisch verstehen. Die Beschaffung einer Ware schmälert die Kraft des Käufers, andere Waren, die er auch wünscht, zu erhalten; jedoch betrachtet er deren Besorgung als weniger wichtig als die des Gutes, das er gerade kauft. Von seinem Standpunkt aus schaut er auf jeden Kauf, den er tätigt, als ein Hindernis, das ihn von der Befriedigung einiger anderer Wünsche abhält. Wenn er nicht *A* gekauft hätte oder wenn er für *A* weniger Geld ausgegeben hätte, wäre es möglich gewesen, *B* zu erwerben. Es ist für engstirnige Leute nur ein Schritt, der sie zu dem Schluss bringt, dass es der Verkäufer von *A* ist, der ihn dazu zwingt, auf *B* zu verzichten. Er sieht im Verkäufer nicht den Menschen, der es ihm ermöglicht, seine Wünsche zu erfüllen, sondern den Menschen, der ihn an der Befriedigung anderer Wünsche hindert. Das kalte Wetter bringt ihn dazu, Kohle für seinen Ofen zu kaufen und schmälert sein Geld, das er für andere Dinge ausgeben kann. Aber er klagt weder das Wetter noch seinen Wunsch nach Wärme an; er führt die Klage gegen den Kohlenhändler. Dieser schlechte Mensch, denkt er, profitiert von seiner Verlegenheit.

Solcherart waren die Gründe, die Leute zu dem Schluss geführt haben, dass die Quelle, aus dem der Gewinn des Geschäftsmanns stammt, die Not und das Leiden seiner Mitmenschen sei. Nach dieser Logik lebt der Arzt vom Leiden seiner Patienten, nicht von ihrer Heilung. Bäckereien gedeihen auf dem Hunger, nicht weil sie die Mittel liefern, um den Hunger zu stillen. Kein Mensch könne profitieren, außer auf Kosten einiger anderer Menschen; des einen Menschen Gewinn sei notwendig der Verlust eines anderen. Bei einer Tauschhandlung gewinne nur der Verkäufer durch Schädigung der Käufer. Der Vorteil des Außenhandels, sagt die alte und die neue merkantilistische Lehre, liege im Export, nicht im Import, der durch die Exporte erworben wird.[46]

Im Licht dieses Irrtums sei es das Interesse des Geschäftsmannes, seine Kunden zu schädigen. Seine Geschicklichkeit sei Strategie, gewissermaßen die Kunst, seinem Feind so viel Übel wie möglich zuzufügen. Seine Gegner, die er ruiniert, seien sowohl seine zukünftigen Kunden als auch seine Konkurrenten, diejenigen, die sich selbst gerne

46 Mises: *Human Action*, S. 660 ff.

auf Raubzüge gegen die Leute begeben. Die geeignetste Methode, um wissenschaftlich die Geschäftsaktivitäten und den Marktprozess zu untersuchen, sei es, das Verhalten und die Strategie von Leuten zu untersuchen, die mit Spielen beschäftigt sind.[47]

Beim Spiel gibt es einen bestimmten Preis, der dem Sieger zufällt. Wenn der Preis von einer dritten Partei gestellt wird, geht die unterlegene Partei mit leeren Händen aus. Wenn der Preis aus Beiträgen der Spieler besteht, verliert der Besiegte seinen Einsatz zugunsten der siegreichen Partei. Beim Spiel gibt es Gewinner und Verlierer. Aber ein geschäftlicher Handel ist immer für beide Parteien vorteilhaft. Wenn beide, sowohl der Käufer als auch der Verkäufer, die Transaktion nicht als die vorteilhafteste Handlung ansehen würden, die sie unter den gegebenen Bedingungen eingehen können, würden sie sich nicht auf den Handel einlassen.[48]

Es ist richtig, dass sowohl Geschäftstätigkeit als auch das Spielen rationales Handeln sind. Der Wissenschaftler in seinen Untersuchungen, der Mörder beim Aushecken eines Verbrechens, der Parteikandidat bei der Werbung von Stimmen, der Missionar bei seinen Bemühungen um die Bekehrung von Ungläubigen, der Lehrer beim Unterrichten seiner Schüler, alle verfahren rational.

Ein Spiel ist ein Zeitvertreib, ist ein Mittel, sich in der Freizeit mit etwas zu beschäftigen und die Langeweile zu vertreiben. Seine entsprechenden Kosten gehören in die Sphäre des Konsums. Aber die Geschäftstätigkeit ist ein Mittel – das einzige Mittel – um die Menge der für die Erhaltung des Lebens verfügbaren Güter zu vermehren und es angenehmer zu gestalten. Kein Spiel kann, abgesehen von dem Vergnügen, das es den Spielern und den Zuschauern bereitet, etwas zur Verbesserung der

47 J. v. Neumann und O. Morgenstern: *Theory of Games and Economic Behavior*, Princeton University Press, 1944; R. Duncan Luce und H. Raiffa, *Games and Decisions*, New York, 1957; und viele andere Bücher und Artikel.

48 Mises: *Human Action*, S. 661 ff.

Lebensbedingungen beitragen.[49] Es ist ein Fehler, Spiele mit den Leistungen der Geschäftstätigkeit gleichzusetzen.

Der Mensch muss handeln, weil er nach der Verbesserung seiner Existenzbedingungen strebt. Handeln erfordert Planung und die Entscheidung darüber, welcher der verschiedenen Pläne der vorteilhafteste ist. Aber das charakteristische Merkmal der Geschäftstätigkeit ist nicht, dass sie dem Menschen das Treffen von Entscheidungen an sich auferlegt, sondern dass sie danach strebt, die Lebensbedingungen zu verbessern. Spiele sind Belustigung, Sport und Vergnügen; Geschäftstätigkeit ist Leben und Wirklichkeit.

8 DIE FEHLDEUTUNG DES MEINUNGSKLIMAS

Man erläutert keine Lehre und Handlungen, die aus ihr entspringen, wenn man erklärt, dass sie durch den Zeitgeist oder durch die persönliche oder geographische Umgebung der Handelnden hervorgebracht wurde. Wenn man sich solcher Interpretationen bedient, betont man nur den Tatbestand, dass eine bestimmte Idee mit anderen Ideen, die zur gleichen Zeit und in dem gleichen Milieu vertreten wurden, übereinstimmt. Was als Zeitgeist der Mitglieder eines Kollektivs oder eines bestimmten Milieus bezeichnet wird, sind genau die unter den betreffenden Individuen vorherrschenden Lehren.

Die Ideen, die das geistige Klima einer gegebenen Umgebung verändern, sind solche, die zuvor nicht gehört wurden. Für diese neuen Ideen gibt es keine andere Erklärung als die, dass es einen Menschen gab, dessen Kopf sie ausgedacht hat. Im Rückblick auf die Ideengeschichte – und den Handlungen, die durch sie erzeugt wurden – kann der Geschichtsschreiber einen bestimmten Trend in ihrer Abfolge erkennen und sagen, dass „logischerweise“

49 Spiele, die zur Unterhaltung der Zuschauer eingerichtet werden, sind nicht einfach Spiele, sondern Show-Geschäft.

die frühere Idee die Bildung der späteren Idee fällig gemacht hat. Einer solchen Rückschau-Philosophie fehlt jede rationale Rechtfertigung. Seine Tendenz, die Beiträge des Genies – des Helden der Geistesgeschichte – zu schmälern und sein Werk dem Zusammentreffen von Geschehnissen zuzuschreiben, ist nur sinnvoll im Rahmen einer Geschichtsphilosophie, die vorgibt, den verborgenen Plan zu kennen, den Gott oder eine übermenschliche Kraft (wie die materiellen Produktivkräfte im System von Marx) verfolgen will, indem sie die Handlungen aller Menschen lenkt. Vom Standpunkt einer solchen Philosophie sind alle Menschen Puppen, die sich genau in der Weise verhalten müssen, wie der Demiurg es ihnen vorgab.

9. DER GLAUBE AN DIE ALLMACHT DES GEDANKENS

Ein charakteristisches Merkmal der gegenwärtig populären Ideen über die gesellschaftliche Zusammenarbeit ist das, was Freud den Glauben in die Allmacht des Gedankens genannt hat.[50] Dieser Glaube wird natürlich (ausgenommen von Psychopathen und Neurotikern) nicht vertreten im Hinblick auf die Sphäre, die durch die Naturwissenschaften untersucht wird. Aber auf dem Gebiet der gesellschaftlichen Geschehnisse ist er fest verankert. Er entstand aus der Lehre, die Mehrheiten Unfehlbarkeit zuschreibt.

Der wesentliche Punkt in den politischen Lehren der Aufklärung war die Ersetzung der Despotie durch eine repräsentative Regierung. Im Verfassungskonflikt in Spanien, in dem die Anhänger der parlamentarischen Regierung gegen die absolutistischen Ansprüche des Bourbonen Ferdinand VII. kämpften, wurden die Unterstützer eines Verfassungsregimes *liberales* genannt und jene des Königs *serviles.* Sehr bald wurde der Name Liberalismus in ganz Europa übernommen.

50 Freud: *Totem und Tabu,* Wien, 1913, S. 79 ff.

Die repräsentative oder parlamentarische Regierung (auch Volksherrschaft oder demokratische Herrschaft genannt) ist eine Herrschaft durch Amtsträger, die durch die Mehrheit des Volkes designiert werden. Es ist jedoch ein schwerer Irrtum anzunehmen, dass die Liberalen des neunzehnten Jahrhunderts in Europa und Amerika deshalb dafür eintraten, weil sie an die unfehlbare Weisheit, die moralische Vollkommenheit, inhärente Gerechtigkeit oder andere Tugenden des gemeinen Mannes und daher auch der Mehrheiten glaubten. Die Liberalen wollten die sanfte Entwicklung des Wohlstandes des Volkes sichern, sowohl ihres materiellen als auch des geistigen Wohlergehens. Sie wollten Armut und Elend überwinden. Als Mittel, um dies zu erreichen, setzten sie sich für Institutionen ein, die für eine friedliche Zusammenarbeit aller Bürger innerhalb der Nationen ebenso wie den internationalen Frieden sorgen würden. Sie betrachteten Kriege, sowohl Bürgerkriege (Revolutionen) als auch äußere Kriege, als Beeinträchtigung des stetigen Fortschritts der Menschheit zu besseren Lebensbedingungen. Sie erkannten sehr gut, dass die Marktwirtschaft, die eigentliche Grundlage der modernen Zivilisation, friedliche Zusammenarbeit erfordert und zerstört wird, wenn die Menschen, statt Waren und Dienste zu tauschen, gegeneinander kämpfen.

Andererseits verstanden die Liberalen sehr gut, dass die Macht der Herrscher letztlich nicht auf materiellem Zwang, sondern auf Ideen fußt. Wie David Hume in seinem berühmten Essay *On the First Principles of Government* hervorhob, sind die Herrscher immer eine Minderheit im Volk. Ihre Autorität und die Macht, der überwältigenden Mehrheit ihrer Untertanen Gehorsam zu befehlen, ist abgeleitet aus der Meinung der letzteren, dass sie durch Treue zu ihrem Herrscher und Befehlsgehorsam ihren eigenen Interessen am besten dienen. Wenn diese Meinung schwindet, wird sich die Mehrheit früher oder später in einer Rebellion erheben. Eine Revolution – ein Bürgerkrieg – wird das unpopuläre Herrschaftssystem und die unpopulären Herrscher beseitigen und sie durch ein

System und durch Amtsträger ersetzen, die die Mehrheit für die Beförderung ihrer Interessen als günstiger ansieht. Um solche gewaltsamen Beeinträchtigungen des Friedens und ihre bösartigen Folgen zu vermeiden, um das friedliche Funktionieren des Wirtschaftssystems zu sichern, treten die Liberalen für eine Regierung durch die Vertreter der Mehrheit ein. Dieses Schema macht einen friedlichen Wechsel der Einrichtungen des Staates möglich. Der Einsatz von Waffen und Blutvergießen wird unnötig, nicht nur in den inneren, sondern ebenso in den internationalen Beziehungen. Wenn jedes Gebiet durch die Wahl der Mehrheit bestimmen kann, ob es ein unabhängiger Staat oder Teil eines größeren Staates sein soll, wird es nicht länger Kriege zur Eroberung weiterer Provinzen geben.[51]

Bei ihrem Eintreten für die Herrschaft der Mehrheit des Volkes nährten die Liberalen des neunzehnten Jahrhunderts keine Illusionen über die geistige und moralische Vollkommenheit der Vielen, der Mehrheiten. Sie wussten, dass alle Menschen Irrtümern unterliegen und dass es geschehen kann, dass die Mehrheit, verführt durch falsche Lehren, die von unverantwortlichen Demagogen propagiert werden, sich auf eine Politik einlassen könnte, die in einem Unglück enden würde, sogar in der vollkommenen Zerstörung der Zivilisation. Aber sie waren sich nicht weniger des Tatbestandes bewusst, dass keine denkbare Herrschaftsmethode eine solche Katastrophe verhindern könnte. Wenn eine kleine Minderheit von aufgeklärten Bürgern, die vernünftige Prinzipien politischen Managements erkennen, die Unterstützung ihrer Mitbürger nicht gewinnen und sie zur Annahme einer Politik bewegen kann, die Wohlstand schafft und bewahrt, ist die Sache der Menschheit und der Zivilisation hoffnungslos. Es gibt kein anderes Mittel, eine günstige Entwicklung der menschlichen Belange zu sichern, als die Massen an fehlbaren

51 Die erste Bedingung zur Errichtung eines dauerhaften Friedens ist natürlich die allgemeine Anwendung der Prinzipien des Laissez-faire-Kapitalismus. Über dieses Probleme siehe Mises: *Human Action*, S. 680 ff., und Mises: *Im Namen des Staates oder die Gefahren des Kollektivismus*, Stuttgart, 1978, Kap. 4, Unterkap. 3.

Menschen dazu zu bringen, die Ideen der Elite anzunehmen. Das muss durch Überzeugung geleistet werden. Es kann nicht durch ein despotisches Regime gelingen, das anstatt die Massen aufzuklären, sie zur Unterwerfung zwingt. Langfristig werden sich die Ideen der Mehrheit, so schädlich sie auch sein mögen, durchsetzen. Die Zukunft der Menschheit hängt von der Fähigkeit der Elite ab, die öffentliche Meinung in die richtige Richtung zu lenken.

Diese Liberalen glaubten nicht an die Unfehlbarkeit menschlicher Wesen noch an die Unfehlbarkeit von Mehrheiten. Ihr Optimismus für die Zukunft fußte auf der Erwartung, dass die geistige Elite die Mehrheit davon überzeugen würde, günstiger Politik zuzustimmen.

Die Geschichte der letzten hundert Jahre hat diese Hoffnung nicht erfüllt. Vielleicht kam der Übergang vom Despotismus der Könige und der Aristokraten zu plötzlich. Auf jeden Fall ist es ein Faktum, dass die Lehre, die dem Durchschnittsmenschen geistige und moralische Höhe und damit auch der Mehrheit Unfehlbarkeit zuschreibt, das grundlegende Dogma der „progressiven" politischen Propaganda. In seiner weiteren logischen Entwicklung hat es den Glauben hervorgebracht, dass auf dem Gebiet der politischen und wirtschaftlichen Organisation der Gesellschaft jedes System, das durch die Mehrheit erdacht wird, zufriedenstellend funktionieren kann. Die Leute fragen nicht länger, ob der Interventionismus oder der Sozialismus die Wirkungen erzielen kann, die seine Vertreter von ihnen erwarten. Der bloße Tatbestand, dass die Mehrheit der Wähler es fordert, wird als unwiderlegbarer Beweis dafür angesehen, dass es funktionieren und unvermeidlich den erwarteten Nutzen bringen wird. Kein Politiker ist länger an der Frage interessiert, ob ein Mittel dazu geeignet ist, die erstrebten Ziele zu erreichen. Was für ihn alleine zählt, ist, ob die Mehrheit der Wähler es befürworten oder ablehnen.[52] Nur wenige Leute zollen dem Aufmerksamkeit,

52 Bezeichnend für diese Denkweise ist das Gewicht, das die Politiker den Ergebnissen der Meinungsumfragen beimessen.

was die „reine Theorie“ über den Sozialismus und über die Erfahrungen des sozialistischen „Experiments“ in Russland und in anderen Ländern sagt. Fast alle unsere Zeitgenossen glauben fest, dass der Sozialismus die Erde in ein Paradies verwandeln wird. Man kann es Wunschdenken nennen oder den Glauben in die Allmacht des Gedankens.

Doch das Kriterium der Wahrheit ist, dass sie auch dann funktioniert, wenn niemand bereit ist, sie anzuerkennen.

10. DAS KONZEPT EINES PERFEKTEN HERRSCHAFTSSYSTEMS

Der „Sozialingenieur“ ist der Reformer, der bereit ist, all jene zu „liquidieren“, die nicht in seinen Plan für die Regulierung der menschlichen Angelegenheiten passen. Doch Historiker und manchmal sogar die Opfer, denen er den Tod bringt, sind nicht abgeneigt, mildernde Umstände für seine Massaker oder geplanten Massaker zu finden, indem sie hervorheben, dass er letztlich durch ein edles Bestreben motiviert gewesen sei: Er habe ein vollkommenes Stadium der Menschheit einführen wollen. Sie gestehen ihm einen Platz in der langen Reihe der Erfinder von utopischen Plänen zu.

Nun ist es sicherlich eine Torheit, auf diese Weise die Massenmorde solch sadistischer Verbrecher wie Stalin oder Hitler zu entschuldigen. Es besteht aber kein Zweifel, dass viele der blutigsten „Liquidatoren“ durch Ideen geleitet wurden, die von alters her die Bemühungen der Philosophen, über eine vollkommene Verfassung nachzudenken, inspiriert haben. Wenn er einmal die Konstruktion einer solchen idealen Ordnung ausgebrütet hat, ist ihr Schöpfer auf der Suche nach dem Mann, der sie herstellen wird, indem er den Widerstand aller, die nicht zustimmen, unterdrückt. So war Plato begierig darauf, einen Tyrannen zu finden, der seine Macht für die Verwirklichung des platonischen Idealstaates einsetzen würde. Die Frage, ob andere Leute das, was er mit ihnen vorhatte, mögen oder ablehnen würden, kam Plato niemals in den Sinn. Es war für ihn selbstverständlich, dass der Philosoph, der König wurde, oder der König, der zum Philosophen wurde, allein befugt war zu handeln, und dass alle anderen Leute sich willenlos seinen Befehlen unterordnen mussten. Vom Standpunkt des Philosophen, der fest von seiner eigenen Unfehlbarkeit überzeugt ist, erscheinen alle Abweichler nur als dickköpfige Rebellen, die sich dem widersetzen, was zu ihrem Nutzen ist.

Die Erfahrung, die die Geschichte geliefert hat, besonders die der letzten zweihundert Jahre, hat den Glauben an das Heil der Tyrannei und die Liquidierung der Abweichler nicht erschüttert. Viele unserer Zeitgenossen sind fest davon überzeugt, dass die brutale Unterdrückung aller „schlechten" Menschen, also derjenigen mit denen sie nicht übereinstimmen, notwendig ist, um die menschlichen Verhältnisse vollkommenen zufriedenstellend einzurichten. Sie träumen von einem vollkommenen Herrschaftssystem, das – wie sie glauben – schon seit langem verwirklicht worden wäre, wenn diese „schlechten" Menschen, die durch ihre Dummheit und ihre Selbstsucht geleitet werden, seine Einrichtung nicht verhindert hätten.

Eine moderne, angeblich wissenschaftliche Schule von Reformern lehnt diese Gewaltmaßnahmen ab und schiebt die Schuld an allem, was in den menschlichen Verhältnissen für mangelhaft befunden wird, auf die angeblichen Irrtümer dessen, was „Politikwissenschaft" genannt wird. Die Naturwissenschaften seien in den letzten Jahrhunderten, sagen sie, beträchtlich vorangekommen, und die Technik liefere uns fast monatlich neue Instrumente, die unser Leben angenehmer machen. Aber der „politische Fortschritt war gleich Null". Der Grund sei, dass die „Politikwissenschaft stillstand".[53] Die Politikwissenschaft solle die Methoden der Naturwissenschaften übernehmen; sie solle ihre Zeit nicht länger mit bloßen Spekulationen vergeuden, sondern die „Fakten" studieren. Denn wie

53 N. C. Parkinson: *The Evolution of Political Thought,* Boston, 1958, S. 306.

in den Naturwissenschaften „werden die Fakten vor der Theorie gebraucht".[54]

Man kann kaum jämmerlicher jeden Aspekt der conditio humana[55] missverstehen. Wenn wir unsere Kritik auf die damit verbundenen erkenntnistheoretischen Probleme beschränken, müssen wir sagen: Was heute „Politikwissenschaft" genannt wird, ist der Zweig der Geschichtswissenschaft, der sich mit der Geschichte der politischen Institutionen befasst und mit der Geschichte des politischen Denkens, das sich in den Schriften der Autoren äußert, die über die politischen Institutionen veröffentlichten und die Pläne ihres Umbaus zeichneten. Dies ist Geschichte, und kann als solche, wie oben aufgezeigt wurde, niemals irgendwelche „Fakten" liefern im Sinne dieses Ausdrucks, wie er in den experimentellen Naturwissenschaften verwendet wird. Es besteht keine Notwendigkeit, die politischen Wissenschaftler dazu zu nötigen, alle Fakten der fernen und der jüngeren Vergangenheit zu sammeln, die fälschlich als „heutige Erfahrung" bezeichnet werden.[56] In Wirklichkeit tun sie alles, was in dieser Hinsicht getan werden kann. Und es ist Unsinn, ihnen zu sagen, dass Schlussfolgerungen, die aus diesem Material gezogen werden, durch „Experimente überprüft werden sollten".[57] Es ist müßig, zu wiederholen, dass die Wissenschaft vom menschlichen Handeln keine Experimente machen kann.

Es wäre unsinnig, apodiktisch zu behaupten, dass es der Wissenschaft niemals gelingen wird, eine praxeologische aprioristische Lehre der politischen Organisation zu entwickeln, die an die Seite einer rein historischen Disziplin der Politikwissenschaft eine theoretische Wissenschaft stellt. Alles, was wir sagen können, ist, dass kein lebender Mensch weiß, wie eine solche Wissenschaft gebaut werden kann. Aber sogar wenn ein solcher neuer Zweig der

54 Ebd. S. 309.

55 Bedingung des Menschseins

56 Ebd. S. 314.

57 Ebd. S. 314

Praxeologie eines Tages auftreten sollte, wäre er nutzlos für die Behandlung der Probleme, die Philosophen und Staatsmänner lösen müssen und bestrebt sind zu lösen.

Dass jedes menschliche Handeln nach den Früchten seiner Ergebnisse beurteilt werden muss und beurteilt wird, ist eine Binsenweisheit. Es ist ein Prinzip, bei dem die Evangelien mit den oft missverstandenen Lehren der utilitaristischen Philosophie übereinstimmen. Die Krux ist, dass die Leute in der Einschätzung der Ergebnisse weit voneinander abweichen. Was einige als gut oder als das beste schätzen, wird oft leidenschaftlich von anderen als ganz schlecht abgelehnt. Die Utopisten machten sich nicht die Mühe, uns zu sagen, welche Regelung der Staatsangelegenheiten ihre Mitbürger am meisten zufriedenstellen würde. Sie erklärten nur, welcher Zustand der übrigen Menschheit sie selbst am meisten zufriedenstellen würde. Weder ihnen selbst noch ihren Anhängern kam es jemals in den Sinn, dass zwischen diesen beiden Dingen ein grundlegender Unterschied besteht. Die sowjetischen Diktatoren und ihr Gefolge glauben, dass in Russland alles gut ist, so lange sie selbst zufrieden sind.

Aber selbst wenn wir um des Arguments willen diesen Punkt beiseite lassen, müssen wir hervorheben, dass das Konzept eines vollkommenen Herrschaftssystems irrig und in sich widersprüchlich ist.

Was den Menschen über alle anderen Tiere erhebt, ist die Erkenntnis, dass friedliche Zusammenarbeit verbunden mit dem Prinzip der Arbeitsteilung eine bessere Methode ist, das Leben zu sichern und die gefühlte Unzufriedenheit zu beseitigen, als einen gnadenlosen biologischen Konkurrenzkampf um einen Anteil an den knappen Lebensmitteln, die von der Natur geliefert werden, zu führen. Geleitet von dieser Einsicht strebt von allen Lebewesen allein der Mensch bewusst danach, die gesellschaftliche Zusammenarbeit an die Stelle dessen zu setzen, was die Philosophen den Naturzustand genannt haben oder den *bellum omnium contra omnes* [Krieg aller gegen alle] oder das Gesetz des Dschungels. Um jedoch den Frieden zu sichern, ist es – so wie Menschen eben sind – unverzichtbar, bereit zu sein, jede Aggression von Seiten einheimischer Verbrecher oder äußerer Feinde mit Gewalt zu unterdrücken. Daher kann die friedliche menschliche Zusammenarbeit, die Voraussetzung für Wohlstand und Zivilisation, nicht ohne einen gesellschaftlichen Zwangs- und Gewaltapparat existieren, d.i. ohne Staat. Die Übel der Gewalt, des Raubs, des Mords können nur durch eine Einrichtung verhindert werden, die, wenn es nötig ist, für die Bewahrung dessen, wozu sie eingesetzt ist, zu den richtigen Handlungsmethoden greift. Daraus folgt eine Unterscheidung zwischen der illegalen Anwendung von Gewalt und der legalen. In Berücksichtigung dieses Umstands wurde der Staat manchmal ein Übel genannt, im Eingeständnis, dass er ein notwendiges Übel sei. Was jedoch zur Erreichung eines angestrebten und für gut befundenen Ziels erforderlich ist, ist in der moralischen Bedeutung des Begriffs kein Übel, sondern ein Mittel – der Preis, der dafür zu bezahlen ist. Das ändert jedoch nichts am Umstand, dass Handlungen, die in höchstem Maße abzulehnen und kriminell sind, wenn sie „unbefugte" Individuen durchführen, gebilligt werden, wenn sie durch die „Autoritäten" begangen werden.

Der Staat als solcher ist nicht nur kein Übel, sondern die wichtigste und nützlichste Institution, ohne die keine anhaltende gesellschaftliche Zusammenarbeit und keine Zivilisation entwickelt und erhalten werden kann. Er ist ein Mittel, um mit der angeborenen Unvollkommenheit von vielen, vielleicht der Mehrheit aller Menschen fertig zu werden. Wenn alle Menschen zur Einsicht fähig wären, dass die einzige Alternative zu einer friedlichen gesellschaftlichen Zusammenarbeit der Verzicht auf alles wäre, was den Homo sapiens von Raubtieren unterscheidet, und wenn alle die moralische Stärke hätten, immer dementsprechend zu handeln, gäbe es für die Einrichtung eines gesellschaftlichen Gewalt- und Zwangsapparates keinen Bedarf. Nicht der Staat ist ein Übel, sondern die Mängel des menschlichen Geistes und Charakters, die unbedingt das Wirken einer polizeilichen Gewalt erfordern. Der

Staat kann niemals vollkommen sein, weil er seinen *raison d'être* der Unvollkommenheit des Menschen schuldet und sein Ziel, die Beseitigung des angeborenen Aggressionstriebes des Menschen, nur durch den Einsatz von Gewalt erreichen kann, genau durch das, dessen Verhinderung sein Auftrag ist.

Es ist ein zweischneidiger Behelf, einem Individuum oder einer Gruppe von Individuen die Berechtigung zur Anwendung von Gewalt zu übertragen. Der Anreiz ist für ein menschliches Wesen zu verführerisch. Die Menschen, die die Gemeinschaft gegen gewaltsame Aggression zu verteidigen haben, verwandeln sich leicht in ihre gefährlichsten Aggressoren. Sie überschreiten ihr Mandat. Sie missbrauchen ihre Macht zur Unterdrückung jener, die von ihnen erwarten, sie gegen Unterdrückung zu schützen. Das Hauptproblem ist, wie zu verhindern ist, dass die Polizeimacht tyrannisch wird. Das ist die Bedeutung aller Freiheitskämpfe. Das wesentliche Charakteristikum der westlichen Zivilisation, das sie von den erstarrten Zivilisationen des Ostens unterscheidet, war und ist die Sorge um die Freiheit vor dem Staat. Die Geschichte des Westens, vom Zeitalter der griechischen πόλις an bis zum heutigen Widerstand gegen den Sozialismus, ist im Wesentlichen die Geschichte des Kampfs um Freiheit gegen die Übergriffe der Amtsinhaber.

Eine engstirnige Schule von Sozialphilosophen, die Anarchisten, haben sich dazu entschieden, die Angelegenheit zu ignorieren, indem sie eine staatenlose Organisation der Menschheit vorschlagen. Sie übergingen einfach die Tatsache, dass die Menschen keine Engel sind. Sie waren zu dumm zu erkennen, dass ein Individuum oder eine Gruppe von Individuen kurzfristig ihre Interessen gewiss auf Kosten ihrer eigenen langfristigen Interessen und der aller anderen befördern können. Eine Gesellschaft, die nicht bereit ist, die Angriffe solch asozialer und kurzsichtiger Aggressoren zu durchkreuzen, ist hilflos und auf die Gnade ihrer dümmsten und brutalsten Mitglieder verwiesen. Während Plato sein Utopia auf die Hoffnung gründete, dass eine kleine Gruppe von vollkommen weisen und moralisch tadellosen Philosophen für die oberste Leitung aller Angelegenheiten verfügbar sein wird, gingen die Anarchisten davon aus, dass alle Menschen ohne Ausnahme mit perfekter Weisheit und moralischer Tadellosigkeit ausgestattet sein werden. Sie begriffen nicht, dass kein System der gesellschaftlichen Zusammenarbeit das Dilemma zwischen den kurzfristigen Interessen eines Menschen oder einer Gruppe und den langfristigen beseitigen kann.

Die atavistische Neigung der Menschen, alle anderen Leute zur Unterordnung zu zwingen, bekundet sich klar in der Popularität, die das sozialistische System heute genießt. Sozialismus ist Totalitarismus. Nur der Alleinherrscher oder der Kreis der Alleinherrscher ist aufgefordert, zu handeln. Alle anderen Menschen werden ihrer Verfügungsfreiheit, zu wählen und nach gewählten Zielen zu streben, beraubt; Widersacher werden liquidiert. Mit der Zustimmung zu diesem Plan setzt jeder Sozialist stillschweigend voraus, dass die Diktatoren, also diejenigen, die mit der Produktionsleitung und allen Regierungsfunktionen betraut sind, genau mit seinen eigenen Ideen darin übereinstimmen, was wünschenswert ist und was nicht. Mit der Vergötzung des Staates – wenn er ein orthodoxer Marxist ist, nennt er ihn Gesellschaft – und mit der Übertragung von unbegrenzter Macht auf ihn, erhebt er sich selbst zum Gott und strebt nach der gewaltsamen Unterdrückung all jener, mit denen er nicht übereinstimmt. Der Sozialist sieht in der Leitung der politischen Angelegenheiten kein Problem, weil er sich nur um seine eigene Zufriedenheit sorgt und nicht die Möglichkeit in Betracht zieht, dass eine sozialistische Regierung etwas unternehmen wird, das ihm missfällt.

Die „Politikwissenschaftler" sind frei von den Illusionen und den Selbstlügen, die das Urteilsvermögen der Anarchisten und Sozialisten trüben. Aber mit dem Studium des gewaltigen historischen Materials beschäftigt, werden sie durch die Details zerstreut, durch die zahllosen Fälle von kleinlicher Eifersucht, Neid, persönlichen Ambitionen und Habsucht, die von den Akteuren der politischen

Szene ins Spiel gebracht werden. Sie führen die Fehler aller politischen Systeme bis heute auf die moralische und intellektuelle Schwäche des Menschen zurück. In ihren Augen versagten diese Systeme, weil ihr zufriedenstellendes Funktionieren Menschen von moralischen und intellektuellen Qualitäten erforderte, die nur ausnahmsweise in der Wirklichkeit vorkommen. Von diesem Lehrsatz ausgehend versuchen sie, Pläne für eine politische Ordnung zu entwerfen, die automatisch funktionieren würden, ohne Verwicklungen durch die Ungeschicklichkeit und Laster der Menschen. Die ideale Verfassung sollte an Stelle der Korruption und Ineffizienz der Herrscher und des Volkes eine makellose Leitung der öffentlichen Angelegenheiten setzen. Jene, die nach einer solchen Gesetzesordnung suchten, schwelgten nicht in den Illusionen der utopischen Autoren, die annehmen, dass alle Menschen oder wenigstens eine Minderheit von überlegenen Menschen tadellos und effizient seien. Sie gefielen sich in ihrer realistischen Herangehensweise an das Problem. Aber sie warfen nie die Frage auf, wie Menschen, die mit all diesen Unzulänglichkeiten, die dem menschlichen Charakter innewohnen, befleckt sind, dazu gebracht werden können, sich freiwillig einer Ordnung zu unterwerfen, die sie davon abhält, ihren Launen und Phantasien freien Lauf zu lassen.

Jedoch ist die Hauptschwäche dieser angeblich realistischen Herangehensweise an das Problem nicht diese allein. Sie muss in der Illusion gesehen werden, dass der Staat – eine Einrichtung, dessen wesentliche Aufgabe die Anwendung von Gewalt ist – in Übereinstimmung mit Moralprinzipien arbeiten könnte, die entschieden die Anwendung von Gewalt verurteilen. Der Staat unterwirft, kerkert ein und tötet. Die Menschen sind geneigt, das zu vergessen, weil der gesetzestreue Bürger sich der Ordnung der Obrigkeit klaglos unterordnet, um Bestrafung zu vermeiden. Aber die Juristen sind realistischer und nennen ein Gesetz, das nicht mittels Zwang durchsetzbar ist, ein unvollkommenes Gesetz. Die Autorität der menschengemachten Gesetze beruht vollständig auf den Waffen der Polizisten, die für deren Vorschriften Gehorsam erzwingen. Nichts, was über die Notwendigkeit staatlichen Handelns gesagt wurde, kann das Leiden derjenigen, die in den Gefängnissen schmachten, beseitigen oder mildern. Keine Reform kann die Arbeit einer Einrichtung zufriedenstellend verändern, deren wesentliche Aktivität darin besteht, Leid zuzufügen.

Die Verantwortung für den Irrtum, ein vollkommenes Staatssystem zu entwickeln, beruht nicht in der mutmaßlichen Rückständigkeit dessen, was Politikwissenschaft genannt wird. Wenn die Menschen vollkommen wären, gäbe es für einen Staat keinen Bedarf. Mit unvollkommenen Menschen funktioniert kein Staatssystem zufriedenstellend.

Die hohe Stellung des Menschen beruht auf seinem Vermögen, Ziele zu wählen und Mittel zur Erreichung der gewählten Ziele zu ergreifen; die Aktivitäten der Regierung zielen auf die Einschränkung dieser Verfügungsfreiheit der Individuen. Jeder Mensch strebt danach, die Gründe zu vermeiden, die ihm Leid zufügen; die Aktivitäten des Staates beruhen letztlich in der Zufügung von Leid. Alle großen Errungenschaften der Menschheit sind das Produkt spontaner Bemühungen auf Seiten der Individuen; der Staat ersetzt das freiwillige Handeln durch Zwang. Es ist wahr, der Staat ist unverzichtbar, weil die Menschen nicht fehlerlos sind. Aber dazu konzipiert, mit einigen Aspekten der menschlichen Unvollkommenheit fertig zu werden, kann er nie vollkommen sein.

11. DIE VERHALTENSWISSENSCHAFTEN

Die selbsternannten Verhaltenswissenschaften wollen sich mit dem menschlichen Verhalten wissenschaftlich befassen.[58] Sie lehnen die Methoden der Praxeologie und Ökonomik als „unwissenschaftlich" oder „rationalistisch"

58 Man darf die „Verhaltenswissenschaften" nicht mit dem Behaviorismus verwechseln. Über letzteren siehe Mises: *Human Action*, S. 26.

ab. Andererseits machen sie die Geschichtswissenschaft schlecht als verdorben durch Altertümelei und ohne jeden praktischen Nutzen für die Verbesserung der menschlichen Lage. Ihre angeblich neue Disziplin würde, versprechen sie, jeden Aspekt des menschlichen Verhaltens behandeln und dadurch Erkenntnisse liefern, die unschätzbare Dienste für die Verbesserung der Lage der Menschheit beisteuern.

Die Vertreter dieser neuen Wissenschaft sind nicht bereit zu erkennen, dass sie Geschichtsschreiber sind und die Methoden der historischen Forschung anwenden.[59] Was sie gelegentlich – aber nicht immer – von den regulären Historikern unterscheidet, ist, dass sie, wie die Soziologen, als Thematik ihrer Untersuchungen die Bedingungen der jüngsten Vergangenheit und Aspekte des menschlichen Verhaltens wählen, die die meisten Historiker in früheren Zeiten gewöhnlich vernachlässigten. Bemerkenswerter dürfte es sein, dass ihre Abhandlungen oft eine bestimmte Politik nahelegen, die angeblich durch die Geschichte „gelehrt" wird, eine Haltung, die die meisten Historiker seit langem abgelegt haben. Es ist nicht unser Anliegen, die in diesen Büchern und Artikeln angewandten Methoden zu kritisieren oder die ziemlich naiven politischen Vorurteile in Frage zu stellen, die von ihren Autoren gelegentlich geäußert werden. Was es ratsam erscheinen lässt, diesen Verhaltensstudien Aufmerksamkeit zu widmen, ist ihre Vernachlässigung eines der wichtigsten erkenntnistheoretischen Prinzipien der Geschichtswissenschaft, das Prinzip der Relevanz.

In der experimentellen Forschung der Naturwissenschaften ist alles, was beobachtet werden kann, relevant genug, um erfasst zu werden. Da, gemäß dem Apriori, das am Anfang aller Forschung der Naturwissenschaften steht, alles, was geschieht als regelmäßige Folge dessen, was voranging, geschehen muss, ist jedes richtig beobachtete und beschriebene Geschehnis ein „Fakt", der in den

59 Natürlich befassen sich einige dieser Gelehrten mit Problemen der Medizin und der Hygiene.

theoretischen Körper der Lehre integriert werden muss. Kein Erfahrungswert ist belanglos für die Gesamtheit der Erkenntnis. Folglich muss jedes Forschungsprojekt, wenn es gewissenhaft und kundig ausgeführt wird, als ein Beitrag zur wissenschaftlichen Leistung der Menschheit betrachtet werden.

Bei den historischen Wissenschaften ist es anders. Sie befassen sich mit den menschlichen Handlungen: mit den Werturteilen, die sie ausgelöst haben, mit der Dienlichkeit der zu ihrer Durchführung gewählten Mittel und mit den Ergebnissen, die sie erzielt haben. Jeder dieser Faktoren spielt eine eigene Rolle in der Abfolge der Geschehnisse. Es ist die Hauptaufgabe des Geschichtsschreibers, jedem Faktor so korrekt wie möglich die Reichweite seiner Wirkung zuzuordnen. Diese Quasi-Quantifizierung, diese Bestimmung der *Relevanz* eines jeden Faktors, ist eine der Funktionen, die das besondere Verständnis der Geschichtswissenschaft zu leisten aufgerufen ist.[60]

Auf dem Gebiet der Geschichte (im weitesten Sinne des Begriffs) bestehen erhebliche Unterschiede zwischen den verschiedenen Themenfeldern, die zum Gegenstand der Forschungsaktivitäten gemacht werden können. Es ist bedeutungslos und inhaltsleer mit dem allgemeinen Begriff „das Verhalten des Menschen“ das Programm der Aktivitäten eines Fachgebietes zu bestimmen. Der Mensch strebt nach einer unendlichen Zahl verschiedener Ziele und wendet eine unendliche Zahl verschiedener Mittel zu ihrer Erreichung an. Der Historiker (oder, in diesem Fall, der Verhaltenswissenschaftler) muss einen für das Schicksal der Menschheit und daher auch für die Erweiterung unseres Wissens relevanten Gegenstand wählen. Er darf seine Zeit nicht mit Kleinigkeiten verschwenden. Durch die Wahl des Themas seines Buches klassifiziert er sich selbst. Ein Mensch schreibt die Geschichte der Freiheit, ein anderer die Geschichte des Kartenspiels. Ein Mensch

60 Siehe oben S. 96f.

schreibt die Biographie von Dante, ein anderer die Biographie des Oberkellners eines modernen Hotels.[61]

Da die großen Themen der Menschheitsgeschichte schon durch die traditionellen Geschichtswissenschaften abgehandelt wurden, bleiben den Verhaltenswissenschaften nur detaillierte Studien über die Freuden, Sorgen und Verbrechen des gemeinen Mannes übrig. Um über diese und ähnliche Stoffe jüngstes Material zu sammeln, sind kein besonderes Wissen und keine besondere Technik erforderlich. Jeder Studienanfänger kann sich sofort an einige Projekte machen. Es gibt eine unbegrenzte Anzahl von Gegenständen für Dissertationen und umfangreichere Abhandlungen. Viele davon befassen sich mit ziemlich trivialen Themen, denen jeder Wert für die Bereicherung unseres Wissens fehlt.

Diese sogenannten Verhaltenswissenschaften brauchen dringend eine gründliche Neuorientierung nach dem Gesichtspunkt des Relevanzprinzips. Es ist möglich, über jeden Gegenstand ein umfangreiches Buch zu schreiben. Es ist aber die Frage, ob sich ein solches Buch mit etwas befasst, das vom Standpunkt der Theorie oder der Praxis als relevant zählen kann.

61 Karl Schriftgiesser: *Oscar of the Waldorf*, New York, 1943, 248 Seiten.

VI. WEITERE IMPLIKATIONEN DER VERNACHLÄSSIGUNG DES ÖKONOMISCHEN DENKENS

1. DIE ZOOLOGISCHE HERANGEHENSWEISE AN MENSCHLICHE PROBLEME

Der Naturalismus beabsichtigt, mit den Problemen des menschlichen Handelns in der Weise umzugehen, wie es die Zoologie mit allen anderen Lebewesen tut. Der Behaviorismus will alles ausklammern, was menschliches Handeln vom Verhalten der Tiere unterscheidet. In diesem Schema ist kein Platz vorgesehen für die besondere Eigenschaft und das Unterscheidungsmerkmal des Menschen, nämlich das Streben nach gewählten Zielen. Sie ignorieren den menschlichen Geist. Das Konzept der Zielgerichtetheit ist ihnen fremd.

Zoologisch gesehen ist der Mensch ein Tier. Es besteht aber ein grundlegender Unterschied zwischen den Bedingungen aller anderen Lebewesen und denen des Menschen. Jedes Lebewesen ist natürlicherweise der unerbittliche Feind jedes anderen Lebewesens, besonders aller anderen Exemplare seiner eigenen Art. Denn die Subsistenzmittel sind knapp. Sie erlauben es nicht allen Vertretern einer Spezies, zu überleben und in ihrer Existenz ihre volle eingeborene Vitalität auszuleben. Dieser unversöhnliche Interessenskonflikt besteht vor allem unter allen Mitgliedern der gleichen Art, weil ihr Überleben von der gleichen Nahrung abhängt. Die Natur ist buchstäblich „durch Zähne und Klauen blutgetränkt“.[62]

Auch der Mensch ist ein Tier. Er unterscheidet sich aber von allen anderen Tieren, da er kraft seines Verstandes das große kosmische Gesetz der höheren Produktivität der arbeitsteiligen Zusammenarbeit entdeckt hat. Der Mensch

62 "nature red in tooth and claw" bei Tennyson: *In Memoriam*, LVI, iv.

ist, wie Aristoteles formulierte, das ζῷον πολιτικον, das gesellschaftliche Tier, aber er ist „sozial“ nicht wegen seiner tierischen Natur, sondern wegen seiner besonderen menschlichen Eigenschaften. Die Exemplare seiner eigenen zoologischen Art sind für das menschliche Individuum keine Todfeinde, die ihm in gnadenloser biologischer Konkurrenz entgegenstehen, sondern Mitwirkende oder potenzielle Mitwirkende im gemeinsamen Bemühen, die äußeren Bedingungen ihres eigenen Wohlergehens zu verbessern. Den Menschen trennt eine unüberbrückbare Kluft von allen Wesen, denen es an der Fähigkeit mangelt, die Bedeutung der gesellschaftlichen Zusammenarbeit zu begreifen.

2. DER ANSATZ DER „SOZIALWISSENSCHAFTEN“

Es ist üblich, die gesellschaftliche Zusammenarbeit mit dem Ausdruck „Gesellschaft“ zu hypostasieren. Eine geheimnisvolle übermenschliche Agentur, wird gesagt, habe die Gesellschaft geschaffen und fordere gebieterisch von den Menschen, zu deren Nutzen die Interessen ihres kleinlichen Egoismus zu opfern.

Die wissenschaftliche Untersuchung der betreffenden Probleme beginnt mit der radikalen Zurückweisung dieser mythologischen Herangehensweise. Das Individuum verzichtet nicht auf seine persönlichen Interessen, die denen des Phantoms der Gesellschaft entgegenstehen, um mit anderen Individuen zusammenzuarbeiten. Es verzichtet auf unmittelbares Wohlergehen, um zu einem späteren Zeitpunkt größeres Wohlergehen zu ernten. Sein Opfer ist vorläufig. Es wählt zwischen seinen kurzfristigen und seinen langfristigen Interessen jene, die die klassischen Ökonomen gewöhnlich die „richtig verstandenen“ Interessen nannten.

Die utilitaristische Philosophie sieht in den Regeln der Moral keine willkürlichen Gesetze, die dem Menschen durch eine tyrannische Gottheit auferlegt sind, denen der Mensch sich ohne weitere Fragen fügen muss. Sich in Übereinstimmung mit den für die Erhaltung der gesellschaftlichen Zusammenarbeit erforderlichen Regeln zu verhalten, ist für den Menschen das einzige Mittel, sicher all jene Ziele zu erreichen, die er erreichen will.

Die Bemühungen, diese rationalistische Interpretation der Moral vom Standpunkt der christlichen Lehren zu widerlegen, sind vergeblich. Nach der grundlegenden Lehre der christlichen Theologie und Philosophie hat Gott den menschlichen Geist geschaffen, indem er den Menschen mit der Fähigkeit zu denken ausstattete. Da sowohl die Offenbarung als auch der menschliche Verstand Bekundungen der Macht des Herrn sind, kann es zwischen ihnen letztlich keine Unstimmigkeit geben. Gott widerspricht sich nicht selbst. Die Übereinstimmung zwischen Offenbarung und Verstand zu zeigen, ist die Aufgabe der Philosophie und Theologie. Das war das Problem, dessen Lösung die patristische und scholastische Philosophie zu erreichen versuchte.[63] Die meisten dieser Denker zweifelten daran, dass der menschliche Geist ohne die Hilfe der Offenbarung fähig sein würde, sich dessen bewusst zu werden, was die Dogmen, insbesondere die der Inkarnation und der Trinität lehrten. Aber sie drückten keine ernsten Zweifel über die Fähigkeit des menschlichen Verstandes in allen anderen Fällen aus.

Die populären Attacken gegen die Sozialphilosophie der Aufklärung und die utilitaristische Lehre, wie sie von den klassischen Ökonomen gelehrt wurde, entsprangen nicht aus der christlichen Theologie, sondern aus den theistischen, atheistischen und antitheistischen Argumenten. Sie nahmen die Existenz einiger Kollektive für gegeben an und fragten weder, wie solche Kollektive ins Dasein kommen, noch in welchem Sinne sie „existieren". Sie unterstellen den Kollektiven ihrer Wahl alle Attribute handelnder Individuen: der Menschheit (*humanité*), der Rasse, der

63 L. Rougier: *La scolastique et le Thomisme*, Paris, 1925, S. 36 ff., 84 ff., 102 ff.

Nation (in dem Sinn, wie dieser Begriff im Englischen und Französischen verwendet wird, entsprechend dem *Staat* im Deutschen), der Nationalität (die Gesamtheit aller Menschen, die die gleiche Sprache sprechen), der sozialen Klasse (im marxistischen Sinn) und einigen weiteren Kollektiven. Sie behaupten, dass die Realität dieser Kollektive direkt wahrgenommen werden kann und dass sie unabhängig und jenseits von den Handlungen der ihnen angehörigen Individuen existieren. Sie nehmen an, dass das moralische Gesetz das Individuum dazu verpflichte, seine „kleinlichen" privaten Wünsche und Interessen denen des Kollektivs unterzuordnen, zu dem es „rechtmäßig" gehöre und dem es bedingungslose Treue schulde. Das Individuum, das seine eigenen Interessen verfolgt oder die Treue zu einem für das „wahre" Kollektiv „gegnerischen" Kollektiv vorzieht, sei einfach ein Starrkopf.

Das Hauptkennzeichen des Kollektivismus ist, dass er den individuellen Willen und die moralische Selbst-Bestimmung nicht achtet. Im Licht seiner Philosophie ist das Individuum in ein Kollektiv hineingeboren, und es ist „natürlich" und schicklich für ihn, sich als Mitglied dieses Kollektivs zu verhalten, wie es erwartet wird. Von wem erwartet? Natürlich von jenen Individuen, denen durch die Erlasse einer mysteriösen Agentur die Aufgabe der Bestimmung des kollektiven Willens und der Leitung der Handlungen des Kollektivs übertragen wurde.

Im *ancien régime* gründete der Autoritarismus auf eine Art theokratischer Lehre. Der gesalbte König herrschte durch die Gnade Gottes; sein Auftrag war von Gott. Er war die Verkörperung des Reichs. „Frankreich" war sowohl der Name des Königs als auch des Landes; die Königskinder waren die *enfants de France*. Untertanen, die sich den königlichen Befehlen widersetzten, waren Rebellen.

Die Sozialphilosophie der Aufklärung lehnte diese Annahmen ab. Sie nannte alle Franzosen *enfants de la patrie*, Kinder des Vaterlands. Nicht länger musste Einstimmigkeit in allen wesentlichen und politischen Fragen gewaltsam erzwungen werden. Die Einrichtung der repräsentativen Regierung – der Regierung des Volkes – anerkennt, dass das Volk in politischen Themen uneins ist und dass die, die die gleiche Meinung teilen, sich miteinander zu Parteien zusammenschließen. Die Partei, die im Amt ist, herrscht so lange, wie sie durch die Mehrheit unterstützt wird.

Der Neoautoritarismus des Kollektivismus brandmarkt diesen „Realismus" als Verstoß gegen die menschliche Natur. Das Kollektiv wird als eine Entität über den Interessen der Individuen verstanden. Es sei unerheblich, ob die Einzelnen spontan den Interessen des Ganzen zustimmen oder nicht. Auf jeden Fall sei es ihre Pflicht, einverstanden zu sein. Es gebe keine Parteien; es gebe nur das Kollektiv.[64] Alle Leute sind moralisch verpflichtet, mit den Interessen der Ganzheit übereinzustimmen. Wenn sie nicht gehorchen, werden sie dazu gezwungen, sich zu ergeben. Das ist das, was der russische Marschall Schukow ein „idealistisches System" nannte, im Gegensatz zum „materialistischen System" des westlichen Individualismus, das der kommandierende General der amerikanischen Streitkräfte „ein wenig schwierig" zu verteidigen fand.[65]

Die „Sozialwissenschaften" sind der Propagierung der kollektivistischen Lehre verpflichtet. Sie verschwenden kein Wort an die unmögliche Aufgabe, die Existenz von Individuen zu leugnen oder ihre Verkommenheit zu beweisen. Indem sie definieren, dass der Gegenstand der Sozialwissenschaften die „Aktivitäten des Individuums als Gruppenmitglied"[66] betrifft, und indem sie implizieren, dass die so definierten Sozialwissenschaften alles abdecken,

64 Etymologisch ist der Begriff „Partei" von „pars" [lat. Teil] im Gegensatz zum „Ganzen" abgeleitet. Eine brüderliche Partei unterscheide sich nicht vom Ganzen und sei daher keine Partei. Die Losung „Einparteiensystem" wurde von den russischen Kommunisten erfunden (und von ihren Jüngern, den italienischen Faschisten und den deutschen Nazis, nachgeäfft), um die Aufhebung der individuellen Freiheit und des Rechts auf Abweichung zu verbergen.

65 Über dieses Ereignis siehe W. F. Buckley: *Up from Liberalism*, New York, 1959, S. 164–168.

66 E. R. A. Seligman: „*What Are the Social Sciences?*" *Encyclopedia of the Social Sciences*, I, 3.

das nicht zu den Naturwissenschaften gehört, ignorieren sie einfach die Existenz des Individuums. Aus ihrer Sicht ist die Existenz von Gruppen oder von Kollektiven eine letzte Gegebenheit. Sie sind nicht bestrebt, die Faktoren zu suchen, die Individuen veranlassen miteinander zusammenzuarbeiten und kreieren deshalb das, was Gruppen oder Kollektive genannt wird. Für sie ist das Kollektiv, wie das Leben oder der Geist, ein primäres Phänomen, dessen Herkunft die Wissenschaft nicht auf das Wirken anderer Phänomene zurückführen kann. Daher können die Sozialwissenschaften nicht erklären, wie es möglich ist, dass es eine Vielzahl von Kollektiven gibt und dass dasselbe Individuum zur gleichen Zeit Mitglied von verschiedenen Kollektiven sein kann.

3. DER ANSATZ DER ÖKONOMIK

Die Ökonomik oder Katallaktik, der bis heute einzige ausgearbeitete Zweig der theoretischen Wissenschaft vom menschlichen Handeln, sieht in den Kollektiven Gebilde der Zusammenarbeit der Individuen. Geleitet von der Idee, dass bestimmte angestrebte Ziele besser oder nur durch Zusammenarbeit erreicht werden können, verbindet sich der Mensch mit anderen zur Kooperation und erzeugt auf diese Weise, was Gruppen oder Kollektive oder einfach menschliche Gesellschaft genannt wird.

Der Inbegriff der Kollektivierung oder Sozialisierung ist die Marktwirtschaft, und das grundlegende Prinzip des Kollektivhandelns ist der gegenseitige Austausch von Diensten, das *do ut des.* Der Einzelne gibt und dient, um von seinen Mitmenschen mit Gaben und Diensten belohnt zu werden. Er gibt etwas weg, was er weniger schätzt, um etwas zu erhalten, das er im Augenblick der Transaktion als wünschenswerter betrachtet. Er tauscht – kauft oder verkauft –, weil er denkt, dass dies die vorteilhafteste Sache ist, die er zur Zeit tun kann.

Das intellektuelle Verständnis dessen, was Individuen beim Tauschen von Waren und Diensten tun, wurde durch die Art zerstört, in der die Sozialwissenschaften die Bedeutung aller damit verbundenen Begriffe verfälscht haben. In ihrem Jargon bedeutet „Gesellschaft" nicht das Ergebnis, das erzielt wird durch die Ersetzung isolierter Bemühungen von Individuen durch die wechselseitige Zusammenarbeit der Individuen, um ihre Lebensbedingungen zu verbessern; es kennzeichnet eine mythologische kollektive Entität, in deren Namen eine Gruppe von Herrschern mutmaßlich für alle ihre Mitmenschen sorgt. Sie verwenden das Adjektiv „sozial" und das Nomen „Sozialisierung" dementsprechend.

Gesellschaftliche Zusammenarbeit unter Individuen – Gesellschaft – kann entweder auf der spontanen Koordination oder auf Befehl und Gehorsam beruhen; in der Terminologie von Henry Sumner Maine, entweder auf Vertrag oder auf Status. In die Struktur der Vertragsgesellschaft integriert sich der Einzelne selbst spontan; in die Struktur einer Statusgesellschaft werden ihm sein Platz und seine Aufgaben – seine Pflichten – von denen zugewiesen, die den gesellschaftlichen Zwangs- und Unterdrückungsapparat befehligen. Während in einer Vertragsgesellschaft dieser Apparat – die Regierung oder der Staat – nur eingreift, um gewaltsame oder betrügerische Machenschaften zu unterdrücken, die das System des wechselseitigen Austauschs von Diensten untergraben, wird in der Statusgesellschaft das ganze System durch Befehle und Verbote am Laufen gehalten.

Die Marktwirtschaft wurde nicht von einem Superhirn erdacht; sie wurde nicht zuerst als utopischer Plan ersonnen und dann ins Werk gesetzt. Spontane Handlungen von Individuen, die nach nichts anderem als nach der Erhöhung ihrer eigenen Zufriedenheit streben, unterminierten das Ansehen des unterdrückenden Statussystems Schritt für Schritt. Denn erst als die überlegene Effizienz der freien Wirtschaft nicht länger in Abrede gestellt werden konnte, betrat die Sozialphilosophie die Bühne und brachte die

Ideologie des Statussystems zum Einsturz. Die politische Überlegenheit der Verteidiger der vorkapitalistischen Ordnung wurde durch Bürgerkriege beseitigt. Die Marktwirtschaft selbst war kein Produkt gewaltsamer Aktionen – von Revolutionen –, sondern das einer Reihe schrittweiser friedlicher Veränderungen. Die Implikationen des Begriffs „Industrielle Revolution“ sind äußerst irreführend.

4. EINE BEMERKUNG ÜBER DIE JURISTENSPRACHE

In der politischen Sphäre führte der gewaltsame Umsturz der vorkapitalistischen Methoden der Herrschaft zur vollständigen Aufgabe der feudalen Konzepte des öffentlichen Rechts und zur Entwicklung einer neuen Verfassungslehre mit vorher unbekannten rechtlichen Konzepten und Begriffen. (Nur in England, wo die Umwandlung des Systems königlicher Oberhoheit in das der Oberhoheit einer Kaste von privilegierten Grundbesitzern und dann in das einer repräsentativen Regierung mit dem allgemeinen Wahlrecht durch eine Folge von friedlichen Veränderungen[67] bewirkt wurde, wurde die Terminologie des *ancien régime* zum größten Teil bewahrt, während ihre ursprüngliche Bedeutung schon lange jeder praktischen Anwendbarkeit entbehrte.) In der Sphäre der Bürgerrechte wurde die Umwandlung der vorkapitalistischen in die kapitalistischen Verhältnisse durch eine lange Reihe

67 Es waren nicht die Revolutionen des siebzehnten Jahrhunderts, die das britische Regierungssystem verändert haben. Die Auswirkungen der ersten Revolution wurden durch die Restauration zunichte gemacht, und in der *Glorious Revolution* von 1688 wurde nur das Königsamt aus der Hand des „legitimen“ Königs in die anderer Familienmitglieder überführt. Der Kampf zwischen dem dynastischen Absolutismus und dem parlamentarischen Regime der Landaristokratie hielt während des größeren Teils des achtzehnten Jahrhunderts an. Er endete erst, als die Anstrengungen des dritten Hannoveranischen Königs, das persönliche Regime der Tudors und Stuarts wiederzubeleben, scheiterten. Die Ersetzung der Aristokratie durch eine Volksherrschaft wurde – im neunzehnten Jahrhundert – durch eine Folge von Rechtsreformen zustande gebracht.

kleiner Veränderungen zuwege gebracht, durch Handlungen von Menschen, denen die Macht fehlte, formal die Rechtsinstitutionen und die Konzepte zu ändern. Die neuen Methoden der Geschäftstätigkeiten erzeugten neue Rechtszweige, die aus den älteren Geschäftsgewohnheiten und -bräuchen entwickelt wurden. Aber so radikal diese neuen Methoden auch das Wesen und die Bedeutung der traditionellen Rechtsinstitutionen umwandelten, wurde doch angenommen, dass diese Begriffe und Konzepte des alten Rechts, das in Gebrauch blieb, weiterhin die gleichen gesellschaftlichen und ökonomischen Verhältnisse bezeichneten, die sie in den vorherigen Jahren bezeichneten. Die Beibehaltung der traditionellen Begriffe hindert oberflächliche Beobachter daran, die volle Bedeutung der grundlegenden Veränderungen zu erkennen, die stattfanden. Das hervorragendste Beispiel ist die Verwendung des Konzepts des Eigentums.

Wo im Wesentlichen wirtschaftliche Selbstversorgung jedes Haushalts vorherrscht und wo folglich für den größeren Teil aller Produkte kein regelmäßiger Austausch stattfindet, unterscheiden sich die Bedeutungen von Eigentum an Produktionsgütern und Eigentum an Konsumgütern nicht voneinander. In jedem Fall dient das Eigentum ausschließlich dem Eigner. Etwas zu besitzen, seien es Produktionsmittel oder Konsumgüter, bedeutet etwas für sich allein zu haben und es zur eigenen Befriedigung zu verwenden.

Aber im Rahmen einer Marktwirtschaft ist es gänzlich anders. Der Eigner von Produktionsmitteln ist genötigt, sie zur bestmöglichen Befriedigung der Konsumentenwünsche einzusetzen. Er verliert sein Eigentum, wenn andere Leute ihn durch besseren Dienst am Konsumenten in den Schatten stellen. In der Marktwirtschaft wird Eigentum durch den Dienst am Publikum erworben und erhalten und geht verloren, wenn das Publikum unzufrieden wird mit der Art, wie es bedient wird. Sondereigentum an den Produktionsfaktoren ist sozusagen ein öffentliches Mandat, das entzogen wird, sobald die Konsumenten glauben, dass andere Leute sie effizienter versorgen würden. Durch die Zweckmäßigkeit der Gewinn-und-Verlust-Rechnung sind die Eigentümer gezwungen, mit „ihrem" Eigentum so zu verfahren, als ob es das Eigentum anderer Leute wäre, das ihnen unter der Bedingung anvertraut wurde, es zur bestmöglichen Befriedigung der eigentlichen Begünstigten, der Konsumenten, einzusetzen. Alle Produktionsfaktoren, einschließlich des menschlichen Faktors, beispielsweise der Arbeit, dienen der Ganzheit der Teilnehmer der Marktwirtschaft. Das ist die wahre Bedeutung und der Charakter des Sondereigentums an den materiellen Produktionsfaktoren im Kapitalismus. Dies konnte nur deshalb übersehen oder missverstanden werden, weil die Leute – die Ökonomen und Anwälte ebenso wie die Laien – durch den Umstand in die Irre geführt wurden, dass das rechtliche Konzept vom Eigentum, wie es von der juridischen Praxis und aus den Lehren der vorkapitalistischen Zeiten entwickelt wurde, unverändert oder nur leicht verändert beibehalten wurde, nachdem sich seine wirkliche Bedeutung radikal geändert hatte.[68]

Es ist notwendig, diese Problematik in einer Analyse der erkenntnistheoretischen Probleme der Wissenschaft vom menschlichen Handeln zu behandeln, weil sie zeigt, wie radikal sich der Ansatz der modernen Praxeologie von den traditionellen Wegen der Analyse gesellschaftlicher Verhältnisse unterscheidet. Durch die unkritische Übernahme der Rechtslehren der vorkapitalistischen Zeiten geblendet, übersahen Generationen von Autoren völlig die charakteristischen Merkmale der Marktwirtschaft und des Sondereigentums an den Produktionsmitteln in der Marktwirtschaft. Aus ihrer Sicht erscheinen die Kapitalisten und die Unternehmer als verantwortungslose Autokraten, die die wirtschaftlichen Geschäfte zu ihrem eigenen Nutzen ohne Rücksicht auf die Interessen des Rests der Leute verwalten. Sie beschreiben den Gewinn als ungerechte Beute, die durch „Ausbeutung" der Beschäftigten

68 Siehe Mises: *Die Gemeinwirtschaft*, 2. Aufl.; Jena, 1932, S. 15 f.

und der Konsumenten gerafft wird. Ihre leidenschaftliche Anklage des Profits hinderte sie an der Erkenntnis, dass es genau die Notwendigkeit ist, Gewinne zu erzielen und Verluste zu vermeiden, die die „Ausbeuter“ dazu nötigt, die Konsumenten auf die bestmögliche Weise durch die Versorgung mit den dringlichst nachgefragten Waren und Diensten zu befriedigen. Die Konsumenten sind souverän, weil sie letztlich bestimmen, was, in welcher Menge und in welcher Qualität produziert werden soll.

5. DIE KONSUMENTENSOUVERÄNITÄT

Eines der Merkmale der Marktwirtschaft ist die besondere Weise, in der sie mit den Problemen umgeht, die durch die biologische, moralische und intellektuelle Ungleichheit der Menschen aufgeworfen werden.

In der vorkapitalistischen Zeit unterjochte und bannte die Obrigkeit, also die klügeren und leistungsfähigeren Individuen, die Massen ihrer weniger leistungsfähigen Mitmenschen. In der Statusgesellschaft gibt es Kasten; es gibt Herren und Diener. Alle Angelegenheiten werden zum alleinigen Nutzen der ersteren erledigt, währen die letzteren für ihre Dienstherren schuften müssen.

In der Marktwirtschaft werden die besseren Leute durch das Werkzeug der Gewinn-und-Verlust-Rechnung dazu genötigt, jedermanns Interessen zu dienen, einschließlich der Massen geringerer Leute. In ihrem Rahmen können die wünschenswertesten Ergebnisse nur durch Handlungen erreicht werden, die allen Leuten nutzen. Die Massen bestimmen, in ihrer Funktion als Konsumenten, letztlich jedermanns Einkommen und Wohlstand. Sie übertragen die Kontrolle der Kapitalgüter jenen, die wissen, wie sie für ihr eigenes Wohl einzusetzen sind, d.h. zur besten Befriedigung der Massen.

Es ist natürlich richtig, dass in der Marktwirtschaft nicht jene am besten fahren, die vom Standpunkt eines aufgeklärten Urteils als die bedeutendsten Individuen der menschlichen Art betrachtet werden sollten. Die ungehobelten Horden der gemeinen Menschen sind nicht in der Lage, die Verdienste derjenigen gebührend anzuerkennen, die ihr eigenes Elend lindern. Sie beurteilen jeden vom Standpunkt der Befriedigung ihrer Begierden. So erfreuen sich Gewinner von Ringkämpfen und Autoren von Detektivgeschichten eines höheren Ansehens und verdienen mehr Geld als Philosophen und Dichter. Diejenigen, die diesen Tatbestand beklagen, haben gewiss recht. Aber kein Gesellschaftssystem könnte erdacht werden, das die Beiträge der Erneuerer fair würdigt, deren Genie die Menschheit zu vorher unbekannten Ideen führt und die daher zuerst von allen, denen solche Inspiration fehlt, abgelehnt werden.

Was die sogenannte Marktdemokratie zustande bringt, ist eine Lage, in der die Produktionstätigkeit von jenen ausgeführt wird, deren Geschäftsleitung die Massen durch den Kauf ihrer Produkte bestätigen. Bei einer gewinnbringenden Ausrichtung der Unternehmen legen die Konsumenten die Kontrolle der Produktionsfaktoren in die Hände der Geschäftsmänner, die ihnen am besten dienen. Bei einer nicht-gewinnbringenden Ausrichtung der Unternehmen entziehen sie den stümperhaften Unternehmern, mit deren Diensten sie nicht einverstanden sind, die Kontrolle. Es ist in der strengen Bedeutung des Begriffs antisozial, wenn die Regierung diese Entscheidungen der Leute durch die Besteuerung der Gewinne durchkreuzt. Von einem wirklich sozialen Standpunkt aus wäre es „sozialer", Verluste zu besteuern, statt Gewinne.

Die Unterlegenheit der Massen ist am überzeugendsten in der Tatsache zu erkennen, dass sie das kapitalistische System hassen und die durch ihr eigenes Verhalten geschaffenen Gewinne als unfair brandmarken. Die Forderung, jedes Sondereigentum zu enteignen und es unter allen Mitgliedern der Gesellschaft gleichmäßig umzuverteilen, hatte in einer durchgehend agrarischen Gesellschaft noch einen Sinn. Dort war der Umstand, dass einige Leute große Ländereien besaßen die logische Folge davon, dass andere nichts oder nicht genug besaßen, um sich und ihre Familien zu ernähren. Aber in einer Gesellschaft, in der der Lebensstandard von dem Angebot an Kapitalgütern abhängt, ist es anders. Kapital wird angehäuft durch Sparsamkeit und Anlage und wird bewahrt durch Verzicht auf Kapitalabbau und Verschwendung. Der Reichtum der Vermögenden einer Industriegesellschaft ist Ursache und Wirkung des Wohlstands der Massen. Auch diejenigen, die es nicht verdienen, werden durch ihn bereichert, nicht verarmt.

Das Schauspiel, das durch die Politik der heutigen Regierungen geboten wird, ist wahrlich paradox. Der viel geschmähten Gewinnsucht der Organisatoren und Spekulanten gelingt es täglich, die Massen mit Waren und Diensten zu versorgen, die ihnen zuvor unbekannt waren. Ein Füllhorn des Überflusses wird über die Leute ausgeschüttet, für die die Methoden und Mittel, mit denen all diese wunderbaren Geräte hergestellt werden, unbegreiflich sind. Diese dummen Nutznießer des kapitalistischen Systems schwelgen in der Einbildung, dass es ihre eigene Leistung von Routinearbeiten ist, die all diese Wunder schafft. Sie schenken ihre Stimme Herrschern, die sich einer Politik der Sabotage und Zerstörung verpflichtet haben. Sie sehen in den „Großunternehmen", die notwendig sind, um den Massenkonsum zu ermöglichen, die führenden Volksfeinde und stimmen jeder Maßnahme zu, die in ihren Augen ihre eigene Lage verbessert, indem sie jene „straft", die sie beneiden.

Es ist natürlich nicht die Aufgabe einer Erkenntnistheorie, die damit zusammenhängenden Probleme zu analysieren.

VII. DIE ERKENNTNISTHEORETISCHEN WURZELN DES MONISMUS

1. DER NICHT-EXPERIMENTELLE CHARAKTER DES MONISMUS

Die Weltsicht des Menschen ist, wie gezeigt, deterministisch. Der Mensch kann die Idee eines absoluten Nichts oder eines Etwas, das aus dem Nichts entsteht und das in das Universum von außen eindringt, nicht begreifen. Das menschliche Konzept des Universums umfasst alles, was existiert. Das menschliche Konzept der Zeit kennt weder einen Anfang noch ein Ende im Fluss der Zeit. Alles, was ist und sein wird, war potenziell in etwas angelegt, das schon vorher existierte. Was geschieht, musste geschehen. Die vollständige Interpretation eines jeden Geschehnisses führt zu einem *regressus in infinitum*[69].

Dieser ungebrochene Determinismus, welcher der erkenntnistheoretische Ausgangspunkt ist von allem, was die experimentellen Naturwissenschaften tun und lehren, ist nicht aus der Erfahrung abgeleitet; es ist ein Apriori.[70] Die logischen Positivisten erkennen den apriorischen Charakter des Determinismus an und lehnen, getreu ihrem dogmatischen Empirismus, den Determinismus leidenschaftlich ab. Aber sie sind sich des Tatbestands nicht bewusst, dass es trotz allem für das wesentliche Dogma ihres Glaubens, für ihre monistische Interpretation aller Phänomene, keine logische oder empirische Grundlage gibt. Der Empirismus der Naturwissenschaften zeigt uns einen Dualismus zweier Sphären, über deren wechselseitige Beziehungen wir sehr wenig wissen. Es gibt auf der

69 Regress ins Unendliche

70 «La science est déterministe; elle l'est a priori; elle postule le déterminisme, parce que sans lui elle ne pourrait être.» [Die Wissenschaft ist deterministisch; sie ist es a priori; sie postuliert den Determinismus, weil sie ohne ihn nicht sein könnte.] Henri Poincaré: *Dernières pensées*, Paris, 1913, S. 244.

einen Seite die Welt der äußeren Geschehnisse, über die uns unsere Sinne Informationen übermitteln, und es gibt auf der anderen Seite die Welt der unsichtbaren und unberührbaren Gedanken und Ideen. Wenn wir sowohl annehmen, dass die Fähigkeit, den Verstand hervorzubringen, in der ursprünglichen Struktur der ewig bestehenden Dinge, bereits angelegt ist und durch die naturnotwendige Ereignisabfolge entwickelt wurde, als auch, dass alles in diesem Prozess auf physikalische und chemische Geschehnisse zurückgeführt werden kann, greifen wir auf die Deduktion aus einem willkürlichen Lehrsatz zurück. Es gibt keine Erfahrung, die eine solche Lehre unterstützen oder widerlegen könnte.

Die experimentellen Naturwissenschaften haben uns bis heute über das Geist-Körper-Problem nur gelehrt, dass zwischen dem Denk- und Handlungsvermögen des Menschen und seinem körperlichen Zustand ein Zusammenhang besteht. Wir wissen, dass Hirnverletzungen die geistigen Fähigkeiten des Menschen ernsthaft beeinträchtigen oder sogar ganz zerstören können und dass der Tod, die völlige Zerstörung der physiologischen Funktionen der lebendigen Gewebe, notwendigerweise jene Geistesregungen tilgt, die durch den Geist anderer Menschen bemerkt werden können. Wir wissen aber nichts über den Prozess, der im Körper eines lebenden Menschen Gedanken und Ideen erzeugt. Fast identische äußere Geschehnisse, die auf den menschlichen Geist einwirken, führen bei verschiedenen Menschen und bei den gleichen Menschen zu verschiedenen Zeitpunkten zu unterschiedlichen Gedanken und Ideen. Die Physiologie hat keine Methode, die Phänomene der Verstandesreaktion auf Stimuli adäquat zu behandeln. Die Naturwissenschaften sind nicht in der Lage, ihre Methoden auf die Analyse der Bedeutung anzuwenden, die ein Mensch irgendeinem Geschehnis der äußeren Welt oder der Bedeutung für andere Menschen beimisst. Die materialistische Philosophie von La Mettrie und Feuerbach und der Monismus von Haeckel sind keine Naturwissenschaft; sie sind metaphysische Lehren, die etwas, das die Naturwissenschaften nicht erforschen konnten, erklären wollen. Das trifft auch auf die monistischen Lehren des Positivismus und Neopositivismus zu.

Mit dieser Feststellung sollen die Lehren des materialistischen Monismus nicht lächerlich gemacht und als Unsinn abqualifiziert werden. Nur die Positivisten betrachten alle metaphysischen Spekulationen als Unsinn und lehnen jede Art von Apriorismus ab. Besonnene Philosophen und Wissenschaftler haben ohne Vorbehalt zugegeben, dass die Naturwissenschaften nichts zur Rechtfertigung der Grundsätze des Positivismus und Materialismus beigetragen haben und dass alles, was diese Denkschulen lehren, Metaphysik ist, und zwar eine sehr unbefriedigende Sorte von Metaphysik.

Die Lehren, die für sich selbst das Attribut eines radikalen oder reinen Empirismus beanspruchen und alles als Unsinn brandmarken, das keine experimentelle Naturwissenschaft ist, erkennen nicht, dass der angeblich empirische Kern ihrer Philosophie völlig auf einer Deduktion aus einer ungesicherten Prämisse beruht. Die Naturwissenschaften können alle Phänomene, die – direkt oder indirekt – durch die menschlichen Sinne wahrnehmbar sind, bloß auf eine Reihe von Daten, die letzte Gegebenheiten sind, zurückführen. Man kann eine dualistische oder pluralistische Interpretation der Erfahrung ablehnen und annehmen, dass alle diese letzten Daten in der zukünftigen Entwicklung der wissenschaftlichen Erkenntnis auf eine gemeinsame Quelle zurückgeführt werden können. Aber eine solche Annahme ist keine experimentelle Naturwissenschaft. Sie ist eine metaphysische Interpretation. Das gilt auch für die weitergehende Annahme, dass sich diese Quelle auch als die Wurzel aller geistigen Phänomene herausstellen wird.

Auf der anderen Seite haben alle Bemühungen von Philosophen, die Existenz eines höheren Wesens durch herkömmliche Denkmethoden nachzuweisen, entweder durch apriorisches Schlussfolgern oder durch das Schlussfolgern aus gewissen beobachteten Qualitäten sichtbarer und spürbarer Phänomene, in eine Sackgasse geführt. Aber wir müssen einsehen, dass es genauso unmöglich ist, mit den gleichen philosophischen Methoden logisch die Nichtexistenz von Gott zu beweisen oder die These zu widerlegen, dass Gott jenes X geschaffen hat, aus dem alles, mit dem sich die Naturwissenschaften befassen, abgeleitet ist. Ebenso unmöglich ist die Widerlegung der weitergehenden These, dass die unerklärbaren Kräfte des menschlichen Geistes durch wiederholte göttliche Einwirkung in den Lauf des Universums geschaffen wurden und werden. Die christliche Lehre, nach der Gott die Seele jedes Einzelnen erschafft, kann nicht durch eine rationale Argumentation widerlegt werden, genauso, wie es unmöglich ist, sie zu beweisen. Weder in den brillanten Errungenschaften der Naturwissenschaften noch in den apriorischen Schlussfolgerungen gibt es etwas, das dem *Ignorabimus*[71] von Du Bois-Reymond widersprechen könnte.

In dem Sinn, den der logische Positivismus dem Adjektiv „wissenschaftlich" beimisst, kann es keine wissenschaftliche Philosophie geben. Der menschliche Geist greift bei seiner Suche nach Erkenntnis eben deswegen zur Philosophie und Theologie, weil er Probleme erklären will, die die Naturwissenschaften nicht beantworten können. Die Philosophie setzt sich mit Dingen auseinander, welche mittels der logischen Struktur des menschlichen Geistes nicht aus den Errungenschaften der Naturwissenschaft abgeleitet werden können.

2. DER HISTORISCHE HINTERGRUND DES POSITIVISMUS

Man charakterisiert die Probleme des menschlichen Handelns nicht zufriedenstellend, wenn man sagt, dass wenigstens bis heute die Naturwissenschaften nichts zu ihrer

71 Vollständig: *Ignoramus et ignorabimus*. „Wir wissen es nicht und wir werden es niemals wissen."

Aufklärung beitrugen. Eine richtige Beschreibung der Situation müsste die Tatsache hervorheben, dass die Naturwissenschaften noch nicht einmal die geistigen Werkzeuge haben, um sich der Existenz solcher Probleme bewusst zu werden. Ideen und finale Gründe sind Kategorien, für die im System und in der Struktur der Naturwissenschaften kein Platz ist. Ihrer Terminologie fehlen alle Konzepte und Wörter, die in der Welt des Geistes und Handelns eine Orientierung liefern könnten. Und all ihre Leistungen, so wunderbar und nützlich sie auch sind, berühren nicht einmal oberflächlich die wesentlichen Probleme, mit denen Metaphysik und religiöse Lehren umzugehen versuchen.

Die Entwicklung der fast allgemein akzeptierten gegenteiligen Meinung kann leicht erklärt werden. Alle metaphysischen und religiösen Lehren enthielten neben ihren moralischen Lehren auch unhaltbare Lehrsätze über natürliche Geschehnisse, die mit der fortschreitenden Entwicklung der Naturwissenschaften nicht nur widerlegt werden, sondern häufig sogar lächerlich gemacht werden konnten. Theologen und Metaphysiker versuchten hartnäckig diese Thesen zu verteidigen, die nur oberflächlich mit dem Kern ihrer moralischen Botschaft verknüpft waren und einem wissenschaftlich geübten Geist als die absurdesten Märchen und Mythen erschienen. Die Geschichte der Wissenschaft im Raum der westlichen Christenheit ist eine Geschichte von Konflikten, bei denen die Lehren der Wissenschaft stets besser begründet waren als jene der offiziellen Theologie. Die Theologen mussten schließlich in jeder Kontroverse kleinlaut zugeben, dass ihre Widersacher recht hatten und dass sie selbst falsch lagen. Der spektakulärste Fall einer solchen unrühmlichen Niederlage – vielleicht nicht der Theologie als solcher, aber gewiss der Theologen – war das Ergebnis der Debatten über die Evolution.

Das ließ die Illusion aufkommen, dass alle Themen, mit denen sich die Theologie befasst, eines Tages vollkommen und unwiderlegbar durch die Naturwissenschaften gelöst werden könnten. In der gleichen Weise wie Kopernikus und Galilei die unhaltbaren, von der Kirche unterstützen

Lehren über die Bewegung der Himmelskörper durch eine bessere Theorie ersetzten, erwartete man von künftigen Wissenschaftlern die erfolgreiche Ersetzung aller anderen „abergläubischen" Lehren durch „wissenschaftliche" Wahrheit. Wenn man die ziemlich naive Erkenntnistheorie und Philosophie von Comte, Marx und Haeckel kritisiert, darf man nicht vergessen, dass ihre Vereinfachungen die Reaktion auf die sogar noch stärker vereinfachenden Lehren dessen war, was heute Fundamentalismus genannt wird, ein Dogmatismus, dem kein kluger Theologe mehr anzuhängen wagt.

Der Verweis auf diese Tatsachen entschuldigt, geschweige denn rechtfertigt in keiner Weise die Grobheiten des zeitgenössischen Positivismus. Er zielt nur auf ein besseres Verständnis der intellektuellen Umgebung, in dem sich der Positivismus entwickelte und populär wurde. Unglücklicherweise steht nun die Vulgarität der positivistischen Fanatiker kurz davor, eine Reaktion heraufzubeschwören, die die intellektuelle Zukunft der Menschheit ernsthaft gefährdet. Wie im späten römischen Reich blühen verschiedene Sekten der Götzenanbetung: Spiritualismus, Voodoo und ähnliche Lehren und Praktiken, viele von ihnen den Kulten primitiver Stämme entlehnt. Die Astrologie lebt wieder auf. Unser Zeitalter ist nicht nur eines der Wissenschaft. Es ist auch ein Zeitalter, in dem noch der absurdeste Aberglaube leichtgläubige Anhänger findet.

3. DAS ARGUMENT FÜR DIE NATURWISSENSCHAFT

In Hinblick auf diese verhängnisvollen Auswirkungen einer beginnenden Überreaktion gegen die Auswüchse des Positivismus ist es notwendig, noch einmal zu wiederholen, dass die experimentellen Methoden der Naturwissenschaften die einzig angemessenen für die Behandlung der betreffenden Probleme sind. Ohne erneut die Bestrebungen zur Diskreditierung der Kategorien von Kausalität und Determinismus zu diskutieren, ist hervorzuheben, dass am Positivismus nicht seine Lehre über die Methoden der empirischen Naturwissenschaften falsch ist, sondern seine Behauptung über Dinge, zu denen es den Naturwissenschaften – wenigstens bis heute – nicht gelungen ist, irgendeine Information beizutragen. Das positivistische Prinzip der Verifikation, so wie es Popper[72] richtig gestellt hat, ist als erkenntnistheoretisches Prinzip der Naturwissenschaften unangreifbar. Es ist aber bedeutungslos, wenn es auf etwas angewendet wird, zu dem die Naturwissenschaften keine Information beisteuern können.

Es ist nicht die Aufgabe dieses Essays, sich mit den Ansprüchen irgendeiner metaphysischen Lehre oder mit Metaphysik im Allgemeinen zu befassen. Wie die Natur und die logische Struktur des menschlichen Geistes nun einmal ist, geben sich viele Menschen nicht mit der Unwissenheit über ein Problem zufrieden und nehmen den Agnostizismus nicht hin, in den die eifrigste Suche nach Erkenntnis mündet. Metaphysik und Theologie sind nicht, wie die Positivisten behaupten, Produkte einer für den Homo sapiens unwürdigen Tätigkeit, Überreste der primitiven Zeitalter der Menschheit, die zivilisierte Leute verwerfen sollten. Sie sind Erscheinungsformen des unstillbaren Verlangens nach Erkenntnis. Gleichgültig, ob dieser Durst nach Allwissenheit jemals voll gestillt werden kann oder nicht, wird der Mensch nicht aufgeben, leidenschaftlich danach zu streben.[73] Weder der Positivismus noch irgendeine andere Lehre ist dazu berufen, einen religiösen oder metaphysischen Grundsatz zu verdammen, der keinen bewährten Lehren des Apriori und der Erfahrung widerspricht.

72 Siehe oben S. 101.

73 «L'homme fait de la métaphysique comme il respire, sans le vouloir et surtout sans s'en douter la plupart du temps.» [Der Mensch betreibt Metaphysik wie er atmet, ohne es zu wollen und vor allem meistens ohne es zu hinterfragen.] E. Meyerson: *De l'explication dans les sciences*, Paris, 1927, S. 20.

4. DAS ARGUMENT FÜR DIE WISSENSCHAFT VOM MENSCHLICHEN HANDELN

Dieser Essay handelt jedoch nicht von Theologie oder Metaphysik und der Ablehnung ihrer Lehren durch den Positivismus. Er handelt von den Angriffen des Positivismus auf die Wissenschaft vom menschlichen Handeln.

Die grundlegende Lehre des Positivismus ist die These, dass die experimentellen Verfahren der Naturwissenschaften die einzige Methode sind, die bei der Suche nach Erkenntnis angewandt werden darf. In den Augen der Positivisten hätten es die Naturwissenschaften – völlig von den dringenderen Aufgaben der Aufklärung von physikalischen und chemischen Problemen in Anspruch genommen – vernachlässigt, den Problemen des menschlichen Handelns Beachtung zu schenken, und würden dies wohl auch in der nahen Zukunft vernachlässigen. Doch, so fügen sie hinzu, könne es keinen Zweifel daran geben, dass wissenschaftlich orientierte und in den exakten Methoden der Laborarbeit ausgebildete Menschen, sobald sie einmal die Muße hätten, sich dem Studium solch „geringerer" Fragen wie denen menschlichen Verhaltens zuzuwenden, das wertlose Palaver über diese Themen, das heute in Mode sei, durch authentisches Wissen ersetzen würden. „Die Einheitswissenschaft" würde alle betreffenden Probleme lösen und ein segensreiches Zeitalter des „Sozialingenieurwesens" einläuten, in dem alle menschlichen Belange auf die gleiche befriedigende Weise abgehandelt würden, wie die moderne Technik Elektrizität liefert.

Einige ziemlich bedeutende Schritte auf dem Weg zu diesem Ergebnis, so behaupten die weniger vorsichtigen Vorboten dieses Glaubens, hätte schon der Behaviorismus (oder, wie Neurath es lieber nennt, *Behavioristik*) gesetzt. Sie verweisen auf die Entdeckungen der Pflanzenbewegungen und der konditionierten Reflexe. Durch weiteren Fortschritt dank der Methoden, die diese Leistungen hervorgebracht haben, könne die Wissenschaft eines Tages alle Versprechungen des Positivismus einlösen. Es sei eine falsche Einbildung des Menschen, anzunehmen, dass sein Verhalten nicht durch die gleichen Impulse vollständig bestimmt sei wie das Verhalten der Pflanzen und Hunde.

Gegen all dieses leidenschaftliche Gerede müssen wir die harte Tatsache betonen, dass die Naturwissenschaften kein geistiges Werkzeug besitzen, um mit Ideen und Zielgerichtetheit umzugehen.

Ein selbstbewusster Positivist kann hoffen, dass es den Physiologen eines Tages gelingen möge, alle Geschehnisse, die zur Produktion bestimmter Individuen und zur Abwandlung ihrer angeborenen Substanz während ihres Lebens führten, in physikalischen und chemischen Begriffen zu beschreiben. Wir können davon absehen, die Frage aufzuwerfen, ob ein solches Wissen genügen würde, um das Verhalten von Tieren in allen Situationen, die ihnen begegnen können, vollständig zu erklären. Aber wir können nicht daran zweifeln, dass es einen Forscher nicht dazu befähigen würde, die Art und Weise, wie der Mensch auf äußere Reize reagiert, abzuhandeln. Denn diese menschlichen Reaktionen werden durch Ideen bestimmt, ein Phänomen, dessen Beschreibung über die Physik, Chemie und Physiologie hinausreicht. In den Begriffen der Naturwissenschaften gibt es keine Erklärungen für die Gründe, warum die einen dem religiösen Glauben, in dem sie aufgewachsen sind, treu bleiben und die anderen ihren Glauben wechseln; warum sich die einen politischen Parteien anschließen und sie die anderen verlassen; warum es verschiedene philosophische Schulen und verschiedene Meinungen über eine Vielzahl von Problemen gibt.

5. DIE IRRTÜMER DES POSITIVISMUS

Indem sie beständig nach Verbesserung der Bedingungen strebten, unter denen die Menschen leben müssen, haben die Nationen West- und Zentraleuropas und ihre Ableger, die in den Überseegebieten siedelten, das entwickelt, was westliche bürgerliche Zivilisation genannt und noch häufiger geschmäht wird. Ihr Fundament ist das Wirtschaftssystem des Kapitalismus, dessen politische Entsprechung Repräsentation in Regierungsangelegenheiten und Gedanken- und Kommunikationsfreiheit sind. Obwohl sie fortwährend durch die Torheit und Bosheit der Massen und die ideologischen Überbleibsel der vorkapitalistischen Denk- und Handlungsweisen sabotiert wurde, hat die freie Wirtschaft das Schicksal des Menschen radikal verändert. Sie verringerte die Sterblichkeit, verlängerte die durchschnittliche Lebensdauer und vervielfachte so die Bevölkerungszahlen. Sie hat in einer noch nie da gewesenen Weise den Lebensstandard des Durchschnittsbürgers in jenen Nationen angehoben, die den Erwerbsgeist der unternehmerischen Individuen nicht zu stark behindert haben. So fanatisch die Leute auch in ihrem Eifer sind, den Kapitalismus zu verunglimpfen und zu bekämpfen, erweisen sie ihm implizit doch die Ehre durch ihr leidenschaftliches Gezeter um die Produkte, die er hervorbringt.

Der Reichtum, den der Kapitalismus der Menschheit gebracht hat, ist nicht die Leistung einer mythischen Kraft, die Fortschritt genannt wird. Noch ist er eine Leistung der Naturwissenschaften und der Anwendungen ihrer Lehren zur Vervollkommnung der Technik und Therapie. Keine technische oder therapeutische Verbesserung kann praktisch genutzt werden, wenn die materiellen Mittel für ihre Nutzung nicht vorher durch Ansparen und Aufbau von Kapital verfügbar gemacht wurden. Der Grund, warum nicht alles, über dessen Herstellung und Nutzung die Technik Informationen liefert, jedermann zugänglich gemacht werden kann, liegt am Mangel aufgebauten Kapitals. Nicht die Veränderungen der Naturwissenschaft und Technik verwandelten die Stagnation der guten alten Zeit in den Aktivismus des Kapitalismus, sondern die Annahme des Prinzips des freien Unternehmertums. Die große ideologische Bewegung, die in der Renaissance begann, in der Aufklärung fortgesetzt wurde und im neunzehnten

Jahrhundert im Liberalismus[74] gipfelte, erzeugte sowohl den Kapitalismus – die freie Marktwirtschaft – als auch seine politische Entsprechung oder – wie die Marxisten sagen müssen, seinen politischen „Überbau" – Repräsentation in Regierungsangelegenheiten und individuelle Bürgerrechte: die Freiheit des Gewissens, der Gedanken, der Rede und aller anderen Kommunikationsweisen. In diesem durch das kapitalistische System des Individualismus geschaffenen Klima gediehen alle modernen intellektuellen Leistungen. Niemals zuvor hatte die Menschheit unter Bedingungen wie jenen der zweiten Hälfte des neunzehnten Jahrhunderts gelebt, als in den zivilisierten Ländern die bedeutendsten Probleme der Philosophie, Religion und Wissenschaft frei diskutiert werden konnten ohne jede Furcht vor Repressalien seitens höherer Mächte. Es war ein Zeitalter fruchtbaren und heilsamen Dissens.

Es entwickelte sich eine Gegenbewegung, aber nicht in Form einer Regeneration der diskreditierten dunklen Kräfte, die in der Vergangenheit für Konformität gesorgt hatten. Sie spross aus dem autoritären und diktatorischen Komplex, den die Vielen, die von den Früchten der Freiheit und des Individualismus begünstigt wurden, ohne etwas zu ihrem Wachsen und Reifen beigetragen zu haben, tief in ihren Seelen trugen. Die Massen mögen diejenigen nicht, die sie in irgendeiner Hinsicht übertreffen. Der Durchschnittsmensch beneidet und hasst diejenigen, die anders sind.

In das Lager des Sozialismus trieb die Massen, sogar mehr noch als die Illusion, dass der Sozialismus sie reicher machen würde, die Erwartung, dass er alle beschneiden würde, die sie selbst übertrumpfen. Das charakteristische Merkmal aller utopischen Pläne, angefangen bei Plato bis hinunter zu dem von Marx, ist die rigide Erstarrung aller menschlichen Verhältnisse. Wenn einmal das „perfekte"

74 Der Ausdruck Liberalismus [*Liberalism*], wie er in diesem Essay verwendet wird, muss im Bedeutungsumfang des neunzehnten Jahrhunderts verstanden werden, nicht im heutigen amerikanischen Sinn, in dem er in allem das Gegenteil dessen meint, für was er im neunzehnten Jahrhundert stand.

Stadium der gesellschaftlichen Umstände erreicht ist, dürfen keine weiteren Veränderungen geduldet werden. Es wird keinen Spielraum mehr für Erneuerer und Reformer geben.

In der intellektuellen Sphäre wird diese intolerante Tyrannei durch den Positivismus vertreten. Sein Fürsprecher, Auguste Comte, trug nichts zur Weiterentwicklung des Wissens bei. Er erdachte nur ein Schema der gesellschaftlichen Ordnung, unter dem im Namen des Fortschritts, der Wissenschaft und der Menschheit keine Abweichungen von seinen eigenen Ideen mehr erlaubt waren.

Die intellektuellen Erben von Comte sind die heutigen Positivisten. Wie Comte selbst trugen diese Verteidiger der „Einheitswissenschaft", des Panphysikalismus, des „logischen" oder „empirischen Positivismus" und der „wissenschaftlichen" Philosophie nichts zur Weiterentwicklung der Naturwissenschaften bei. Die zukünftigen Historiker der Physik, Chemie, Biologie und Physiologie werden deren Namen in ihren Werken nicht erwähnen müssen. Alles, was die „Einheitswissenschaft" vorbrachte, war die Empfehlung, die Methoden, die von der Wissenschaft vom menschlichen Handeln angewandt werden, zu ächten und sie durch die Methoden der experimentellen Naturwissenschaft zu ersetzen. Sie ist nicht bemerkenswert für das, was sie beitrug, sondern nur für das, was sie verboten sehen möchte. Ihre Vorkämpfer sind die Fürsprecher der Intoleranz und eines engstirnigen Dogmatismus.

Die Geschichtsschreiber müssen die politischen, wirtschaftlichen und intellektuellen Bedingungen verstehen, die den Positivismus hervorgebracht haben, den alten und den neuen. Aber das spezifische historische Verständnis des Milieus, aus dem sich bestimmte Ideen entwickelten, kann die Lehren einer Denkschule weder rechtfertigen noch widerlegen. Es ist die Aufgabe der Erkenntnistheorie, die Irrtümer des Positivismus zu enthüllen und sie zu widerlegen.

VIII. DER POSITIVISMUS UND DIE KRISE DER WESTLICHEN ZIVILISATION

1. DIE FEHLINTERPRETATION DES UNIVERSUMS

Die Art, wie die Philosophie des logischen Positivismus das Universum beschreibt, ist mangelhaft. Sie umfasst nur, was mit den experimentellen Methoden der Naturwissenschaften erkannt werden kann. Sie ignoriert sowohl den menschlichen Geist als auch das menschliche Handeln.

Es ist üblich, diese Vorgehensweise durch den Hinweis zu rechtfertigen, dass der Mensch nur ein winziger Fleck in der unendlichen Weite des Universums und die ganze Geschichte der Menschheit nichts als eine flüchtige Episode im endlosen Fluss der Ewigkeit sei. Doch die Wichtigkeit und Bedeutung eines Phänomens entzieht sich einer solchen, rein quantitativen Bewertung. Der Platz des Menschen in jenem Teil des Universums, der unserem Lernen zugänglich ist, ist gewiss nur bescheiden. Doch, soweit wir sehen können, ist die grundlegende Tatsache des Universums, dass es in zwei Teile gegliedert ist, die wir – in den Begriffen einiger Philosophen, aber ohne metaphysischen Beiklang – *res extensa,* die harten Fakten der äußeren Welt, und *res cogitans,* das menschliche Denkvermögen, nennen können. Wir wissen nicht, wie die wechselseitige Beziehung dieser beiden Sphären in der Sichtweise einer übermenschlichen Intelligenz erscheinen mag. Für den Menschen ist ihre Unterscheidung zwingend. Vielleicht hindert uns nur die Unangemessenheit unserer geistigen Fähigkeiten von der Erkenntnis der substanziellen Gleichartigkeit dessen, was uns als Geist und was als Materie erscheint. Aber gewiss kann kein Gerede über eine „Einheitswissenschaft" den metaphysischen Charakter des Monismus in einen unangreifbaren Lehrsatz der experimentellen Erkenntnis umwandeln. Der menschliche Geist muss zwei Reiche der

Wirklichkeit unterscheiden, seine eigene Sphäre und die der äußeren Geschehnisse. Und er darf die Erscheinungsformen des Geistes nicht auf einen niedrigeren Rang herabstufen, da es allein der Geist ist, der den Menschen zur Erkenntnis und zur geistigen Repräsentation dessen, was der Geist ist, befähigt.

Das Weltbild des Positivismus verzerrt die grundlegende Erfahrung der Menschheit, für die die Fähigkeit der Wahrnehmung, des Denkens und des Handelns eine letzte Gegebenheit ist, die sich von allem, was ohne Einwirkung des absichtsvollen menschlichen Handelns geschieht, klar unterscheiden lässt. Über Erfahrung zu reden, ohne Bezug auf den Faktor, der den Menschen dazu befähigt, Erfahrungen zu machen, ist sinnlos.

2. DIE FEHLINTERPRETATION DES MENSCHSEINS

In den Augen aller Spielarten des Positivismus ist die bedeutende Rolle, die der Mensch auf Erden spielt, die Folge seines Fortschritts in der Erkenntnis der Zusammenhänge zwischen den natürlichen – d.h. den nicht spezifisch geistigen und willentlichen – Phänomenen und ihrer Nutzung für technische und therapeutische Maßnahmen. Die moderne industrielle Zivilisation, der spektakuläre Überfluss, den sie produziert hat, und das beispiellose Anwachsen der Bevölkerungszahlen, das sie ermöglicht hat, sind die Früchte der fortwährenden Weiterentwicklung der experimentellen Naturwissenschaften. Der Hauptfaktor bei der Verbesserung des Loses der Menschheit ist die Wissenschaft, d.h. in der positivistischen Terminologie, die Naturwissenschaft. Im Kontext dieser Philosophie erscheint die Gesellschaft als eine riesige Fabrik, und alle gesellschaftlichen Probleme erscheinen als technische Probleme, die durch „Sozialingenieure" zu lösen sind. Was, zum Beispiel, den sogenannten unterentwickelten Ländern, im Lichte dieser Lehre, fehlt, sei das „Know-How", die ausreichende Vertrautheit mit wissenschaftlicher Technik.

Es ist kaum möglich, die Menschheitsgeschichte gründlicher fehlzudeuten. Der grundlegende Tatbestand, der den Menschen dazu befähigte, seine Art über das Niveau der Tiere und die Schrecken der biologischen Konkurrenz zu heben, war die Entdeckung des Prinzips der höheren Produktivität der arbeitsteiligen gesellschaftlichen Zusammenarbeit, jenes großen kosmischen Prinzips des Werdens. Was die Fruchtbarkeit der menschlichen Bemühungen verbesserte und weiterhin verbessert, ist die fortschreitende Akkumulation von Kapitalgütern, ohne die keine technische Erneuerung jemals hätte praktisch genutzt werden können. In einer Umgebung, die kein allgemein verwendetes Tauschmittel, kein Geld nutzt, wäre keine technische und wirtschaftliche Berechnung möglich. Die moderne Industrialisierung, die praktische Anwendung der Entdekkungen der Naturwissenschaften, ist geistig bedingt durch das Wirken einer Marktwirtschaft, in der Preise in Geldausdrücken für die Produktionsfaktoren festgestellt werden und somit dem Ingenieur die Möglichkeit gegeben ist, die erwarteten Kosten und Erlöse alternativer Projekte zu vergleichen. Die Quantifizierung der Physik und Chemie wäre nutzlos für die technische Planung, wenn es keine Wirtschaftsrechnung gäbe.[75] Den unterentwickelten Ländern fehlt nicht Wissen, sondern Kapital.[76]

Die Popularität und das Ansehen, das die experimentellen Methoden der Naturwissenschaften in unserer Zeit genießen, und die Überlassung üppiger Geldmittel für die Laborforschung sind Begleiterscheinungen der fortschreitenden Kapitalakkumulation des Kapitalismus. Es war das Laissez-faire-Prinzip des Manchestertums, das die Welt

75 Über die Probleme der Wirtschaftsrechnung siehe Mises: *Human Action*, S. 201–232 und 691–711.

76 Dies beantwortet auch die oft gestellte Frage, warum die alten Griechen keine Dampfmaschinen konstruierten, obwohl ihre Physik ihnen das erforderliche theoretische Wissen lieferte. Sie erkannten nicht die vorrangige Wichtigkeit des Sparens und der Kapitalbildung.

der Pferdekutschen, Segelschiffe und Windmühlen Schritt für Schritt in eine Welt der Flugzeuge und der Elektrizität verwandelt hat. Große Geldvermögen, die fortwährend auf der Suche nach den gewinnbringendsten Investitionsmöglichkeiten sind, liefern die notwendigen Ressourcen für die Anwendung derjenigen Errungenschaften der Physiker und Chemiker, die für die Verbesserung der Geschäftstätigkeiten nutzbar sind. Was wirtschaftlicher Fortschritt genannt wird, ist die gemeinsame Folge der Tätigkeiten der drei progressiven Gruppen – oder Klassen –, nämlich der Sparer, der wissenschaftlichen Erfinder und der Unternehmer, die in einer Marktwirtschaft zusammenwirken, soweit sie nicht durch die Bestrebungen der rückschrittlichen Mehrheit der Gewohnheitsmenschen und der staatlichen Politik, die sie unterstützen, sabotiert werden.

Nicht die Wissenschaft, sondern das gesellschaftliche und politische System des Kapitalismus hat all diese technischen und therapeutischen Leistungen vollbracht, die unsere Zeit kennzeichnen. Nur in einem Klima riesiger Kapitalakkumulation konnte sich das Experimentieren der Genies der Vergangenheit wie Archimedes und Leonardo da Vinci zu einem wohlorganisierten systematischen Streben nach Erkenntnis entwickeln. Die verrufene Gewinnsucht der Unternehmensgründer und Spekulanten war darauf erpicht, die Errungenschaften der wissenschaftlichen Forschung für die Verbesserung des Lebensstandards der Massen anzuwenden. Im ideologischen Umfeld unserer Zeit, die durch einen fanatischen Hass auf die „Bourgeoisie" dazu getrieben ist, das „Profit"-Prinzip durch das „Dienst"-Prinzip zu ersetzen, wird die technische Innovation immer mehr zur Herstellung von wirksamen Werkzeugen des Krieges und der Zerstörung geleitet.

Die Forschungstätigkeiten der experimentellen Naturwissenschaften selbst sind neutral im Hinblick auf die philosophischen und politischen Fragen. Aber sie können nur gedeihen und der Menschheit dienen, wo eine Sozialphilosophie des Individualismus und der Freiheit vorherrscht.

Wenn der Positivismus betont, dass die Naturwissenschaften alle ihre Errungenschaften der Erfahrung verdanken, wiederholt er nur eine Binsenweisheit, die seit dem Niedergang der Naturphilosophie niemand mehr leugnete. Indem er die Methoden der Wissenschaft vom menschlichen Handeln schmähte, pflasterte er den Weg für die Kräfte, die die Fundamente der westlichen Zivilisation untergraben.

3. DER KULT DER WISSENSCHAFT

Die charakteristische Eigenschaft der modernen westlichen Zivilisation liegt nicht in ihren wissenschaftlichen Leistungen und ihrem Beitrag zur Verbesserung des Lebensstandards der Menschen und Verlängerung der durchschnittlichen Lebenszeit. Dies sind nur die Folgen der Einführung einer Gesellschaftsordnung, in der mithilfe der Gewinn-und-Verlust-Rechnung die bedeutendsten Mitglieder der Gesellschaft dazu gebracht werden, nach ihren besten Fähigkeiten dem Wohlergehen der Massen an weniger begabten Menschen zu dienen. Im Kapitalismus lohnt die Befriedigung des gemeinen Mannes, des Konsumenten. Je mehr Menschen du zufrieden stellst, desto besser für dich.[77]

Dieses System ist gewiss nicht ideal oder vollkommen. In menschlichen Dingen gibt es so etwas wie Vollkommenheit nicht. Aber die einzige Alternative dazu ist das totalitaristische System, in dem im Namen einer fiktiven Entität, der „Gesellschaft", eine Gruppe von Direktoren das Schicksal des ganzen Volkes bestimmt. Es ist in der Tat paradox, dass die Pläne zur Einführung eines Systems, das, bei vollständiger Regulierung des Verhaltens aller menschlichen Wesen, die Freiheit der Individuen vernichten würde, als

77 „Die moderne Zivilisation, beinahe jede Zivilisation, ist auf das Prinzip gegründet, die Dinge zum Gefallen derer einzurichten, die dem Markt gefallen, und zum Missfallen derer, die das nicht tun." Edwin Cannan: *An Economist's Protest*, London, 1928, S. vi ff.

Kult der Wissenschaft verkündigt wurde. Saint-Simon usurpierte das Prestige von Newtons Gravitationsgesetzen als Fassade für seinen fantastischen Totalitarismus, und sein Schüler, Comte, beanspruchte, als ein Vertreter der Wissenschaft zu sprechen, als er gewisse astronomische Studien, die nur kurze Zeit später die bemerkenswertesten wissenschaftlichen Ergebnisse des neunzehnten Jahrhunderts hervorbrachten, als nichtig und nutzlos tabuisierte. Marx und Engels maßten sich für ihre sozialistischen Pläne das Etikett „wissenschaftlich" an. Die sozialistischen oder kommunistischen Einstellungen und Aktivitäten bedeutender Fürsprecher des logischen Positivismus und der „Einheitswissenschaft" sind allgemein bekannt.

Die Wissenschaftsgeschichte ist die Dokumentation der Leistungen von Individuen, die isoliert arbeiteten und sehr oft bei ihren Zeitgenossen auf Gleichgültigkeit oder sogar Feindseligkeit stießen. Man kann eine Wissenschaftsgeschichte nicht „ohne Namen" schreiben. Worauf es ankommt, ist individuelle Leistung, nicht *„team work"*. Man kann die Entstehung von neuen Ideen nicht „organisieren" oder „institutionalisieren". Eine neue Idee ist eben deshalb neu, weil sie jenen nicht kam, die den organisatorischen Rahmen entwarfen, weil sie deren Plänen trotzt und deren Absichten im Weg stehen kann. Die Handlungen anderer Menschen zu planen, bedeutet, sie am eigenen Planen zu hindern, bedeutet ihnen ihre wesentliche menschliche Qualität zu entziehen, bedeutet, sie zu versklaven.

Die große Krise unserer Zivilisation ist die Folge dieser Begeisterung für eine alles umspannende Planung. Es gab immer Leute, die bereit waren, das Recht und Vermögen ihrer Mitbürger, deren jeweils eigenes Verhalten selbst zu bestimmen, einzuschränken. Der gemeine Mann schaute immer misstrauisch auf all jene, die ihn in seinen Augen in den Schatten stellten, und verfocht die Gleichschaltung. Neu und kennzeichnend für unsere Zeit ist, dass die Vertreter der Einförmigkeit und Gleichförmigkeit ihre Ansprüche im Namen der Wissenschaft erheben.

4. DIE ERKENNTNISTHEORETISCHE UNTERSTÜTZUNG DES TOTALITARISMUS

Jeder Schritt vorwärts auf dem Weg zur Ersetzung veralteter Methoden der vorkapitalistischen Zeit durch effizientere Produktionsmethoden stieß auf die leidenschaftliche Feindschaft jener, deren eigennützige Interessen kurzfristig durch jede Erneuerung verletzt wurden. Das grundbesitzende Interesse der Aristokraten war nicht weniger begierig, das Wirtschaftssystem des *ancien régime* zu erhalten, als die randalierenden Arbeiter, die die Maschinen zerstörten und die Fabrikgebäude verwüsteten. Aber die Sache der Erneuerung wurde durch die neue Wissenschaft der politischen Ökonomik unterstützt, während der Sache der veralteten Produktionsmethoden eine haltbare ideologische Grundlage fehlte.

Als alle Bestrebungen, die Entwicklung des Fabriksystems und seiner technischen Errungenschaften zu verhindern, scheiterten, begann die Gewerkschaftsidee Gestalt anzunehmen. Werft die Unternehmer hinaus, diese faulen und unnützen Parasiten, und übergebt alle Erträge – das „ganze Arbeitsprodukt" – den Männern, die es durch harte Arbeit schufen! Aber selbst die engstirnigsten Feinde der neuen Industriemethoden konnten die Mängel dieser Pläne nicht verkennen. Der Syndikalismus blieb die Philosophie des ungebildeten Pöbels und erhielt seine intellektuelle Zustimmung erst viel später in Gestalt des britischen „Gildensozialismus", des *stato corporativo* des italienischen Faschismus und der „Arbeitsmarkttheorie" und Gewerkschaftspolitik des zwanzigsten Jahrhunderts.[78]

Die große antikapitalistische Devise war der Sozialismus, nicht der Syndikalismus. Es gab jedoch etwas, das die sozialistischen Parteien am frühen Anfang ihrer Propaganda in Verlegenheit brachte, ihre Unfähigkeit, die Kritik der Ökonomik an ihren Plänen zu widerlegen. Karl Marx,

78 Siehe Mises: *Human Action*, S. 808–816.

seiner Unfähigkeit in dieser Hinsicht voll bewusst, griff zu einer List. Er und seine Nachfolger, bis hinab zu jenen, die ihre Lehren „Wissenssoziologie" nannten, versuchten die Ökonomik mit ihrem fadenscheinigen Ideologiekonzept zu diskreditieren. Aus der Sicht der Marxisten seien die Menschen in einer „Klassengesellschaft" an sich nicht in der Lage, Theorien zu entwerfen, die substanziell wahre Beschreibungen der Wirklichkeit liefern. Das Denken des Menschen sei notwendig „ideologisch" verdorben. Im Marx'schen Sinn des Begriffs ist eine Ideologie eine Irrlehre, die jedoch genau wegen ihrer Irrtümer den Interessen der Klasse dient, aus der ihre Autoren stammen. Es ist nicht notwendig, auf die Kritik der sozialistischen Pläne zu antworten. Es reicht völlig, den nicht-proletarischen Hintergrund ihres Autors zu enthüllen.[79]

Dieser Marx'sche Polylogismus ist die gängige Philosophie und Epistemologie unserer Zeit. Er zielt darauf, die Marx'sche Lehre unangreifbar zu machen, da sie implizit Wahrheit als Übereinstimmung mit dem Marxismus definiert. Ein Gegner des Marxismus liege notwendig immer falsch aus dem einfachen Grund, weil er ein Gegner ist. Wenn der Abweichler proletarischer Herkunft ist, sei er ein Verräter; wenn er zu einer anderen „Klasse" gehört, sei er ein Feind „der Klasse, die die Zukunft in den Händen hält".[80]

Der Zauber dieses Marx'schen eristischen Tricks war und ist so enorm, dass sogar Gelehrte der Ideengeschichte lange Zeit nicht erkannten, dass der Positivismus, im Kielwasser Comtes, einen weiteren Notbehelf bot, um die Ökonomik pauschal, ohne kritische Analyse ihrer Argumente, zu diskreditieren. Für die Positivisten ist die Ökonomik keine Wissenschaft, weil sie nicht die experimentellen Methoden der Naturwissenschaften anwendet. Auf diese Weise konnten Comte und jene seiner Nachfolger, die unter dem Etikett der Soziologie den totalen Staat predigten, die Ökonomik einen metaphysischen Unsinn nennen

79 Ebd., S. 72–91.

80 Kommunistisches Manifest, I.

und waren von der Notwendigkeit befreit, deren Lehren durch eine eingehende Untersuchung zu widerlegen. Als der Revisionismus von Bernstein das populäre Ansehen der marxistischen Orthodoxie zeitweilig geschwächt hatte, begannen einige jüngere Mitglieder der marxistischen Parteien in den Schriften von Avenarius und Mach nach einer philosophischen Rechtfertigung des sozialistischen Glaubens zu suchen. Diese Abweichung von der geraden Linie des dialektischen Materialismus erschien in den Augen der kompromisslosen Wächter der reinen Lehre als Sakrileg. Lenins umfangreichster Beitrag zur sozialistischen Literatur ist ein leidenschaftlicher Angriff auf die „Mittelklassenphilosophie" des Empiriokritizismus und dessen Anhänger in den Reihen der sozialistischen Parteien.[81] Im geistigen Getto, in das sich Lenin während seines ganzen Lebens selbst einsperrte, konnte er nicht erkennen, dass die marxistische Ideologielehre in den Zirkeln der Naturwissenschaftler ihre Überzeugungskraft verloren hatte und dass der positivistische Panphysikalismus in den Kampagnen zur Diffamierung der Ökonomik in den Augen der Mathematiker, Physiker und Biologen bessere Dienste leisten konnte. Jedoch träufelte Otto Neurath wenige Jahre später in diesen methodologischen Monismus der „Einheitswissenschaft" seine deutlich antikapitalistische Note und wandelte den Neopositivismus in ein Hilfsmittel des Sozialismus und Kommunismus um. Heute wetteifern beide Lehren, der marxistische Polylogismus und der Positivismus einträchtig miteinander, um der „Linken" theoretische Unterstützung zu liefern. Für die Philosophen, Mathematiker und Biologen gibt es die esoterische Lehre des logischen oder empirischen Positivismus, während die weniger gebildeten Massen mit einer verwursteten Sorte des dialektischen Materialismus gefüttert werden.

Auch wenn wir, um des Arguments willen, annehmen, dass die Ablehnung der Ökonomik seitens des

81 Lenin: *Materialismus und Empiriokritizismus*, zuerst in Russland veröffentlicht, 1908.

Panphysikalismus nur durch logische und erkenntnistheoretische Betrachtungen motiviert war und weder politische Voreingenommenheit noch Neid auf Leute mit höheren Gehältern oder größerem Reichtum eine Rolle in der Sache spielten, dürfen wir nicht an der Tatsache stillschweigend vorbeigehen, dass sich die Anhänger des radikalen Empirismus hartnäckig weigern, die Lehren der täglichen Erfahrung, die den sozialistischen Vorhersagen widersprechen, zu beachten. Sie ignorieren nicht nur das Versagen aller „Experimente" mit verstaatlichter Wirtschaft in den westlichen Ländern. Die unwidersprochene Tatsache, dass der durchschnittliche Lebensstandard in den kapitalistischen Ländern unvergleichlich höher ist als in den kommunistischen Ländern, lässt sie völlig kalt. Wenn man sie in der Diskussion bedrängt, versuchen sie diese „Erfahrung" beiseite zu schieben, indem sie sie als eine Folge der angeblichen antikommunistischen Machenschaften der Kapitalisten interpretieren.[82] Was immer man über diese armselige Ausrede denken mag, es kann nicht geleugnet werden, dass sie auf eine spektakuläre Ablehnung des Prinzips selbst hinausläuft, die Erfahrung als die einzige Quelle der Erkenntnis zu betrachten. Denn aus der Sicht dieses Prinzips ist es nicht erlaubt, eine Tatsache der Erfahrung durch Hinweis auf irgendwelche vermeintlich theoretischen Betrachtungen wegzuzaubern.

5. DIE FOLGEN

Die gegenwärtige ideologische Lage ist dadurch gekennzeichnet, dass die populärsten politischen Lehren zum Totalitarismus streben, zur gründlichen Beseitigung der Wahl- und Handlungsfreiheit des Individuums. Nicht weniger bemerkenswert ist der Tatbestand, dass sich die engstirnigsten Fürsprecher eines solchen Systems der

82 Siehe Mises: *Planned Chaos*, 1947, S. 80–87. Abgedruckt in *Socialism*, neu herausgegeben durch Yale University Press, 1951, S. 582–589.

Gleichförmigkeit selbst Wissenschaftler, Logiker und Philosophen nennen.

Das ist natürlich kein neues Phänomen. Plato, der sogar noch mehr als Aristoteles für Jahrhunderte der *maestro di color che sanno*[83] war, arbeitete einen Plan des Totalitarismus aus, dessen Radikalismus erst im neunzehnten Jahrhundert durch die Schemata von Comte und Marx übertroffen wurde. Es ist eine Tatsache, dass viele Philosophen äußerst intolerant gegen jeden Widerspruch sind und jede Kritik ihrer eigenen Ideen durch den staatlichen Polizeiapparat unterbinden lassen wollen.

Soweit sich das empiristische Prinzip des logischen Positivismus auf die experimentellen Methoden der Naturwissenschaften bezieht, bestätigt es nur, was von niemandem in Frage gestellt wird. Soweit es die erkenntnistheoretischen Prinzipien der Wissenschaft vom menschlichen Handeln verwirft, ist es nicht nur vollkommen falsch. Es untergräbt auch wissentlich und absichtlich die geistigen Fundamente der westlichen Zivilisation.

83 Nach Dante: Der Meister derjenigen, die wissen.

Made in United States
North Haven, CT
10 November 2026

22091245R00104